JN103340

南仏の台所から

プロヴァンスの
いつものごはん

Cuisine provençale comme à la maison

ダヴィッド・ミシャール

町田陽子

Introduction

Seul, on apprend rien.
La cuisine est le contraire de l'égoïsme.
Prenez du plaisir à en donner.
Elle se partage, se transmet,
s'arrange, évolue, à vous de jouer.
Prenez votre temps et mangez sainement.

私たちは、1人ではなにも学べません。
料理とはエゴイズム（利己主義）とは真逆なものです。
与えるよろこびを感じてください。
料理とは共有するもの、伝えるもの、アレンジするもの、進化してゆくもの。
さぁ、あなたの番です。
ゆっくり時間をかけて、体にいいものを食べてください。

David Michard
ダヴィッド・ミシャール

　いそがしくて料理を楽しむ時間がない人にも作ってもらえるような、南仏のわが家で
いつも食べているごはんをご紹介します。新鮮な野菜や魚がとれる恵まれた土地だから
でしょうか、プロヴァンス料理には複雑な下ごしらえもあまりありません。この地に生
きる人たち同様、とてもシンプルなんです。
　わが家では、2人のうち積極的に食べたいものがあるほうが料理をします。そして食
べ終わると同時に、冷蔵庫をのぞきながら「今夜はなに食べる？」などと話します。ダイ
ニングルームはあるのに、いつも食事は台所のテーブル。ここが家の中心なのです。ち
なみに一緒に料理を作ることはありません。ダヴィッドはフレンチ、私は和食担当。今
回は、本を作りながら読者代表として、南仏料理を教えてもらえる機会となりました。
　本書では、日常のなかで無理なく楽しく作れるように、できるだけ簡単なレシピをご
紹介しています。食事は生きるためになにより大切なこと。人生を楽しむには、まず食
事を楽しまなくちゃ。多めに作ってアレンジする方法も入れました。まさに、わが家の
いつものごはん。なかには少しだけ、調理に時間がかかるものも入っていますが、それ
はやる気のある休みの日に挑戦してみてください。また、プロヴァンス料理ではないけ
れど、わが家の定番料理で日本のみなさまにもおすすめしたいものも入れました。
　紺碧の海や一面のラベンダー畑を思い浮かべながら、プロヴァンスを旅する気分で太
陽が育んだ料理をご家庭で楽しんでいただけたらうれしいです。

町田陽子

Sommaire

※ 本書で紹介する料理には、南仏プロヴァンス料理以外のものも含まれています

この本の使い方

- 大さじ1は15㎖、小さじ1は5㎖です。

- 本書では2人分を基本にしていますが、多めに作って翌日も楽しんでいただきたい煮込み料理や、冷蔵庫で数日保存可能なソース類、アレンジして別の料理が楽しめるものなどは4人分にしています。

- 野菜の分量は、基本的に個数とグラム数（とくに記載がない限り、皮つきの重さ）を記載していますが、個数はあくまでも目安です。また、分量が仕上がりに関係しない場合は個数のみとしています。

- 塩は最後に味をみて、好みで適宜足してください。

- 黒こしょうがない場合は白こしょうでもOKです。

- 塩、こしょう、エルブ・ド・プロヴァンス（乾燥ハーブ）、おろしチーズなど、好みの分量でご使用いただく場合は「適量」と記載しています。

- バターは基本的に無塩バターを使用しています。有塩バターを使う場合は、塩の分量を減らしてください。

- 小麦粉はフランスのType 55を使用しています。これは日本の中力粉にあたります。料理に少し使う時は日本の一般的な薄力粉で問題ありません。ビスケットなどを作る時は、「メルベイユ」などフランス産小麦粉を使うと近い味に仕上がります。

- ワインやブランデーは料理用の安価なものでOKです。

- できるだけ簡単でシンプルなレシピを心がけたので、乾燥豆などはもどさず缶詰を使用しています。

- 火入れの時間はオーブンの大きさや種類、素材の大きさなどによって違うので、あくまでも目安とお考えください。火が通っているかどうかは必ず竹串で刺したり、包丁でカットして確認してください。

- 容器の大きさは、使用したものの大きさを記載しています。容量の目安としてください。

- 写真の完成料理は、材料欄の分量より多い、または少ない材料で作っている場合があります。

【表紙の料理】

プチファルシー

野菜をくりぬき肉を詰めて焼く、プロヴァンスの家庭料理（作り方はP.062参照）。トマト以外にズッキーニ、マッシュルーム、パプリカ、なすでも作れます。なすはトマトより焼くのに時間がかかり、マッシュルームは短時間で火が通ります。

フレンチであって、
フレンチでないプロヴァンス料理

La cuisine provençale

フランス料理とひと言でいっても、実際は地方料理の集合体で、それぞれに特徴があります。南フランス・プロヴァンス地方の料理は、端的にいえば、地中海料理。フランスのほかの地方料理より、イタリア、スペインをはじめとする地中海地域の国の料理との共通点のほうが多くあります。気候が同じで植生が似ていれば、おのずと料理も似てくるもの。人間、考えることは大差ないし、近隣であれば交易もあり文化の交流も盛んです。

岩山ばかりで草も少なく、暑すぎて牛が飼えない南仏プロヴァンスでは、料理のベースはオリーブオイル。それに、一年のうち300日が晴れといわれるほど太陽に恵まれているので、味のいい野菜がとれます。雨が降ってもその後にミストラルというアルプスからの強風が吹くため、野菜や果物についた雨粒が吹き飛ばされ、太陽が果実を乾かしてくれます。フランスのなかでも格別に野菜がおいしい地方といわれるのは、太陽とミストラルのおかげなのです。

フランス料理はバターと生クリームたっぷりの濃厚な料理が多いというイメージがあるかもしれませんが、プロヴァンス料理はオリーブオイルと野菜が主役の、胃にやさしい料理が中心です。

脇役は、地中海の魚介、アーモンドや松の実などのナッツ類、ひよこ豆やレンズ豆などの豆類、子羊などの肉類、それにハーブ、にんにく！地中海食は健康にいいと世界的にいわれますが、たしかにバランスのとれた食事だと思います。

本書は日本の家庭で気軽に作れるもの、という意図でレシピを選んだため、残念ながら入れられなかったプロヴァンス料理もあります。たとえばブイヤベースや魚のスープ。日本で試してみましたが、近い味になりませんでした。小さな岩魚や蟹をふんだんに使い、ミキサーで砕いて漉していく料理なので、港に近くて新鮮な小魚が手に入る場所以外ではむずかしいと断念しました。また、マルセイユにピエ・パケという古代から続く郷土料理があるのですが、子羊の足と胃袋はさすがに入手がきびしい……。

悩み多き取捨選択でしたが、普段プロヴァンスの人たちが日常的に食べている家庭料理の多くを無事収録することができました。できるだけ大がかりな道具や、日本で手に入りにくい食材は使わずに作れる料理を、可能な限りシンプルなレシピにしました。

みなさまの健康と幸せにお役立てください。
A votre santé !

1 夏に大地を染めるラベンダー。古代から薬用植物として用いられてきた。**2** フランス人の胃袋、マルシェ。**3** 森にはハーブが自生している。**4** 完熟トマトは夏のごちそう。**5** 初夏に出まわる生にんにく。**6** 種類豊富なオリーブ。**7** 近所の魚屋の女主人、ウラリさん。活きのいい魚介が並ぶ。**8** 市場に行けば季節がわかる。**9** 養蜂家アニエルさん。ラベンダー蜂蜜が人気。**10** 料理に欠かせないハーブや香辛料。

プロヴァンス料理に欠かせないハーブ

Sauge
セージ

Persil
パセリ

Basilic
バジル

Thym
タイム

Romarin
ローズマリー

日常的によく使う5つのハーブ

ガリッグと呼ばれる森に行くと、ローズマリーやタイム、セージなどがたくさん生えています。バジルやパセリ、チャイブなどは窓辺で育てて、ソースづくりや料理の仕上げに。また、レモンバーベナやミントも育て、食後のお茶にしています。香り豊かな食卓は安らぎをもたらしてくれます。

Herbes de Provence
エルブ・ド・プロヴァンス

南仏プロヴァンスでは「エルブ・ド・プロヴァンス」（プロヴァンスのハーブ）と呼ばれるブレンドされた乾燥ハーブをよく使います。伝統的にはマジョラム、ローズマリー、タイム、サリエット、オレガノの5種をブレンド。仕上げにこのミックスハーブをひとふりするだけで、南仏の味になる魔法のスパイス。香りが強いので、少しずつ味をみながら加えてください。本書でもラタトゥイユ、トマトソースなど多くのレシピに入っています。

Bouquet garni
ブーケガルニ

フランスで煮込み料理をするときに入れるのが、ブーケガルニ。肉や魚のくさみを消し、風味が加わります。ポロねぎの葉でハーブを包みタコ糸でしばりますが、現在は乾燥したブーケガルニも販売されています。わが家では育てたハーブをお茶パックに入れ、煮込みが終わったらとり出します。クローブは香りが強く、とり出し忘れて料理に入ってかんでしまったら大変なので、お茶パックに入れるか、にんじんなどに挿して入れましょう。

【基本のブーケガルニ】
タイム、ローズマリー、ローリエ(ローレル)、クローブ

よく使う調味料と食材

① ② **Sel**
塩

塩は味のよし悪しを決定する大切な素材のひとつ。フランスには海塩の産地がいくつかあります。プロヴァンス地方のカマルグは地中海に面したデルタ地帯の湿地で、野生のフラミンゴが飛び交う場所。強烈な太陽と強風ミストラルで水分を蒸発させ、塩田の塩を採取する天日塩。塩っぱさが少なく、マイルドで繊細な塩です。ブルターニュ地方のゲランドや近くの島イル・ド・レも有名な産地。

【塩の種類】
フルール・ド・セル／塩田の水面に浮かぶ結晶だけをすくいとった最高級の塩。ミネラル分をたっぷり含み、うまみがあります。大粒で溶けにくいため、仕上げにひとふりして用いるのがおすすめ。
セル・ファン（セル・ムリュ）／微粒塩。調理の途中で味つけに使うにはこのタイプがおすすめです。
グロ・セル／大粒の塩。野菜やパスタなどを塩ゆでするときに使います。

③ **Huile d'olive**
オリーブオイル

プロヴァンスでは生産量は少ないですが、質の高いオリーブオイルがとれます（P.068参照）。生で食べるときには風味のいいエキストラ・バージン・オリーブオイルを使いたいところですが、熱して使うときは高価なエキストラでなくてもいいでしょう。

④ **Câpre**
ケッパー

地中海沿岸に自生する低木で、プロヴァンスでもこの植物のつぼみを酢漬けにして香辛料としてよく用います。フランスではカプルといいます。

⑤ **Pignon**
松の実

地中海沿岸には松（笠松）が多く、松ぼっくりのなかの松の実を料理に使います。プロヴァンスの家には必ず常備してある食材のひとつ。フランスではピニオンといいます。

⑥ **Ail**
にんにく

プロヴァンスの名産品の代表選手。初夏になると生のにんにくが出まわり、束にしたにんにくがマルシェに並びます。本書の料理にも頻繁に登場する素材のひとつ。生で食べるときはなかの芯をとりのぞきましょう。フランスではアイユといいます。

調理道具いろいろ

あると便利な器具

Mixeur
ハンドブレンダー

本書では手軽なアタッチメントつきのハンドブレンダーを使うレシピを複数紹介しています。必要（あると便利）なアタッチメントは、ブレンダー、チョッパー、泡立て器（ホイッパー）の3つ。ブレンダーはすりつぶしたり混ぜたりする調理道具（フードプロセッサーでも代用可）。簡単になめらかなペースト状にできるので、スープやソース作りなどに便利です。チョッパーは刻むための器具なので野菜のみじん切りやミンチ作りなどに用いますが、刻みながらペーストにするのにも役立ちます。泡立て器は卵の泡立てやマヨネーズ作りなどに便利。

Poêle
フライパン

コーティング加工されたものだとカラメリゼするときなどくっつきにくい。深型だとベニエなど揚げ焼きにも使えて便利です。

Casserole
鍋

煮込み用の大きめ鍋、深型片手鍋、ソースパンかミルクパンの小さめ片手鍋の3種があると◎。

Planche
まな板

パンやビスケット、生地を作るときのためにも大きめのまな板があると役立ちます。

Fouet
泡立て器

中くらいの大きさのものがひとつあればOK。

Passoire
ざる

水きり以外に、スープを作る際など野菜を漉すときにも使えるので、頑丈なものを選びましょう。

Pince

トング

菜箸は小さなもの、軽いものをつかむのに便利ですが、重さのある肉などをつかむときにはトングが◎。

Râpe

おろし器

野菜やチーズをおろすときに用います。穴の大きさが大小あるものだと両方使えて便利。

Spatule, Maryse

ヘラ

木製のヘラ(スパチュル)は炒める際に、ゴムベラ(マリーズ)は鍋やボウルについた材料をこそげる際に便利。

Couvercle

ふた

鍋やフライパンのサイズに合ったふたは必須です。

Cul de poule

ボウル

底が平らなボウルを「ニワトリのお尻」といいます。泡立てたりかき混ぜる際、底が平らだと安定します。

Couteau

包丁

小さな素材を切ったり皮をむいたりするとき用の長さ約10cmの小型包丁と、20cmほどの包丁があると◎。

Couteau économe

ピーラー(皮むき器)

「倹約家の刃」という意味。皮を薄くむき、無駄を減らしたいという気持ちがこもっていておもしろい。

Cuit vapeur

蒸し器

小型の鍋兼蒸し器がひとつあると便利。野菜はゆでるよりおいしく、肉や魚もヘルシーに調理できます。

蒸し器がない場合

鍋の底に水を張り、ひとまわり小さなざるを入れ(水に触らないように)、鍋のふたをして代用を。

フランスの調理用語レッスン

本書で出てくる調理法のフランス語を覚えてみませんか？
「魚をポワレする」「チーズをラペする」「玉ねぎをスュエする」など
気軽に使ってください。キッチンでフランス気分を楽しんで。

Blanchir
ブランシール

直訳すると「白くする」の意味。バクテリアや脂、塩分、苦みをとるために食材を下ゆですること。または卵黄と砂糖を白っぽくなるまで混ぜること。

Caraméliser
カラメリゼ

砂糖を煮詰めてカラメル色にして、香ばしさを出すこと。

Concasser
コンカッセ

野菜などの食材を粗く刻むこと。野菜を粗みじん切りや角切りにすること。

Dorer
ドレ

オーブンやフライパンで黄金色に焼き色をつけること。パンなどはそのために卵黄をぬります。

Farcir
ファルシール

詰めものをすること。本書では野菜にひき肉を詰めたり、ムール貝にパセリバターを詰めたりします。

Gratiner
グラティネ

おろしたチーズやパン粉をふり、オーブンできれいな焦げ目をつけること。

Hacher
アシェ

食材をみじん切りにすること。

Infuser
アンフュゼ

薬草などを煎じること。バニラビーンズをアンフュゼして牛乳に香りをつけたり、煮込み料理でブーケガルニをアンフュゼして香草のいい香りをブイヨン（スープ）に移したりします。

Poêler
ポワレ

肉や魚などをフライパン（ポワル）で焼くこと。フライパンを動かしながら加熱し、焼き色をつけながら調理します。

Râper
ラペ

食材をすりおろすこと。本書でもにんじんやズッキーニなどをラペします。

Rôtir
ロティ

肉や魚や野菜をオーブンで丸焼きすること。本書では出てきませんが、ポワレなどと混同しないよう、参考までに。ちなみに鶏の丸焼きが売られている店はロティスリーといいます。

Sauter
ソテ

油やバターをひいて、野菜や肉をフライパンで混ぜながら加熱調理すること。炒める。

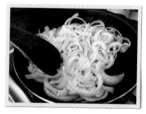

Suer
スュエ

野菜がもっている水分を利用し、透明になるまで汗をかかせるように炒めて野菜のうまみを引き出すこと。本書でも、最初のステップで玉ねぎをスュエするレシピが多いです。茶色く色がつかないことが大切。

Chapitre

1

誰でも、ささっと作れる

おかず と おつまみ

ワインやビールのおつまみに、
メイン料理のつけ合わせや副菜に。
絶対失敗しない超簡単フレンチ。

・・・

Cuisine provençale
comme à la maison

アペリティフ・ディナトワール

Apéritif dînatoire

① ②

週末はフランス流に
アペリティフ・ディナトワール！

アペリティフ（略してアペロ）といえば一般的には食前酒を意味しますが、フランスのライフスタイルにおいては「1杯のお酒」を超えた、なくてはならない時間です。近所のカフェや自宅で食事前に1杯飲みながらおしゃべりして、仕事モードからリラックスモードに切りかえます。子どもたちだって、小さなときからジュースで一緒にアペロしています。

いくつかのおつまみをテーブルにのせて、そのまま夕食にしてしまうのを「アペリティフ・ディナトワール」といいます。夕食がわりのアペリティフといったところ。フランスの食事は基本的に前菜、メイン料理、フロマージュ（チーズ）、デザートの順でとり、とくに夕食はしっかり食事を楽しむ習慣が今も変わらずあります。

アペリティフ・ディナトワールは、その習慣を破る現代の食スタイル。小皿料理をちょこちょことつまみながら、気軽におしゃべりを楽しむ食事です。この章で紹介する簡単な料理は、まさにそんな食事にぴったりなシンプル料理。「今日はフランス流に、アペリティフ・ディナトワールよ！」といえば、よくわからないけどなんだかおしゃれな響き。ささっと作れるストレスフリーなおつまみ料理で、家族やお友だちと楽しいひと時を過ごしてください。

主役は「食前酒」ではなく、楽しいおしゃべりなので、お酒はあってもなくてもいいのです。それがフランスのアペリティフ！ そして、この雰囲気こそ、南仏プロヴァンスの気軽でシンプルな食卓のイメージといえます。

① **Blinis**

小さなパンケーキ "ブリニス"

本書で紹介するディップすべてに合います。ふわふわ食感がたまりません！

・ **材料**（直径5cm25〜30個分）・

小麦粉（薄力粉）…… 100g

ベーキングパウダー …… 10g

卵 …… 1個

ギリシャヨーグルト …… 130g

塩 …… 適量

植物オイル
　（菜種オイルやヒマワリオイルなど）
　　　…… 大さじ1＋適量

・ **作り方**・

1 小麦粉、ベーキングパウダーを一緒にふるっておく。

2 ボウルに卵を入れ、泡立て器で泡立てる。

3 **2**にヨーグルトと塩を加え、フォークでよく混ぜる。

4 **3**に**1**を少しずつ入れ、泡立て器かフォークでかき混ぜる。

5 ラップをして、冷蔵庫で1時間ねかせる。

6 フライパンに植物オイルを大さじ1入れ熱し、あたたまったら冷蔵庫からとり出した**5**の生地をゆっくり大さじ1入れる（ちょうど直径5cmくらいになる）。隙間をあけて、さらに生地を入れ、中火で焼く。

7 表面にふつふつと小さな穴があきはじめたら（**a**）、焼き目を確認。きれいな焼き色がついていたらひっくり返す（**b**）。2〜3分ほど焼いて、裏面が色づいていればOK。

8 網かキッチンペーパーを敷いた皿にのせて、余分な油をとる。

9 フライパンにオイルを少しずつ足しながら、残りの生地も同様に焼く。

David mémo

ディップはパンやブリニスに「ぬる」のではなく、たっぷり「のせる」もの。簡単に食べられる程度にこんもりのせてサーブしよう。

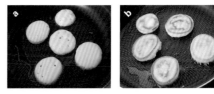

② **Croutons**

クルトン

クルトンというのはバゲットやカンパーニュを
切って焼いたもの。ディップのおともに。

・材料（2人分）**・**

バゲット …… 6切れ
オリーブオイル …… 大さじ2

・作り方・

1 オーブンを200℃に予熱する。
2 バゲットを天板に並べて、両面にオリーブオイルを
　かける（**a**）。
3 オーブンで5〜6分焼く。

David mémo

焼いたクルトンの表面
に生にんにくをこすり
つけるとガーリック味
のクルトンのでき上が
り。にんにくの香りが
好きな人にオススメ！

③ **Carottes râpées**

キャロット・ラペ

細かいほうが、口当たりがふわっとやさしい。
やる気があるときは細かめにトライ。

・材料（2人分）**・**

にんじん …… 小1本（100g）
レモン汁 …… 小さじ1
オリーブオイル（エキストラ・バージン） …… 大さじ1
塩 …… 適量

・作り方・

1 にんじんは皮をむき、おろし器でラペする（**a**）。細
　かすぎるとおろすのが大変なので、中くらいの粗さ
　でOK。
2 ボウルに**1**を入れ、そのほかの材料を加えて、大き
　めのスプーンでざっくり混ぜあわせる。
3 冷蔵庫で30分ほど冷やしたほうがおいしい。

David mémo

もし白バルサミコ酢が
あれば、小さじ1加え
るとさらにおいしくな
るよ！

④ Salade d'haricots verts
いんげんサラダ

箸休めになるフランス流さっぱりあえもの。
つけ合わせにも便利な万能サラダです。

・材料（2人分）**・**

いんげん …… 100g
にんにく …… 1かけ（5g）
オリーブオイル（エキストラ・バージン）…… 小さじ1
塩、こしょう …… 各適量

・作り方・

1 いんげんは尻尾をとる。にんにくはみじん切りにする。

2 湯をたっぷり沸かし、熱湯でいんげんを15分ほどゆでる。ひと口食べてみて、食感が残る程度であげ、水にさらし、冷水に入れて冷やす。冷えたらざるにあげて水気をとる。

3 長さ4cmほどに切り、ボウルに入れる。

4 3ににんにく、オリーブオイル、塩、こしょうを入れ、大きめのスプーンでざっくり混ぜあわせる。

5 冷蔵庫で30分ほど冷やしたほうがおいしい。

⑤ Salade de pois chiches
ひよこ豆のサラダ

水煮缶を使えば10分で準備完了！
ひよこ豆と玉ねぎをあえるだけ！

・材料（2人分）**・**

ひよこ豆水煮缶 …… 100g
新玉ねぎ※ …… 20g
イタリアンパセリの葉 …… 4〜5枚
　（またはチャイブ …… 4〜5本）
オリーブオイル（エキストラ・バージン）…… 小さじ3
塩、こしょう …… 各適量

※新玉ねぎがない時期は玉ねぎを水に5分さらして代用可

・作り方・

1 ひよこ豆は水で洗う。新玉ねぎ、パセリは粗みじん切りにする。

2 ボウルにひよこ豆、新玉ねぎ、パセリ、オリーブオイル、塩、こしょうを入れて大きめのスプーンでざっくり混ぜあわせる。冷蔵庫で30分ほど冷やす。

David mémo

ひよこ豆は中東が発祥の地だけど、プロヴァンスでも日常的に食べるんだよ。

⑥ **Tzatziki**

きゅうりとヨーグルトのディップ "ザジキ"

ギリシャ生まれだけど、フレンチアペロの定番。
白やロゼワインとの相性抜群です。

・**材料**（2〜3人分）・

きゅうり …… 小2本（200g）
ギリシャヨーグルト …… 130g
にんにく …… 1かけ（5g）
レモン汁 …… 小さじ½
オリーブオイル（エキストラ・バージン）…… 大さじ½
ミントの葉 …… 3枚
塩、こしょう …… 各適量

・**作り方**・

1 きゅうりの皮をピーラーでむき、おろし器ですりおろす（細かすぎないほうがいい）。

2 ざるに入れて塩をふり5〜10分おいたら、水分をしっかり絞る。

3 にんにくをすりおろし、ミントをみじん切りにする。

4 きゅうり、3、残りの材料をボウルに入れ、混ぜあわせる。冷蔵庫で1時間ほど冷やす。味をみて好みで塩を入れる。

5 器に入れて、好みでひとすじオリーブオイル（分量外）をかけて、ミントの葉（分量外）を飾る。

⑦ **Poichichade**

ひよこ豆のペースト "ポワシシャド"

地中海エリアの日常食。
クリーミーで栄養たっぷり！ サラダに加えても◎。

・**材料**（2〜3人分）・

ひよこ豆水煮缶 …… 170g
白ゴマペースト※ …… 大さじ2½
にんにく …… 1かけ（5g）
オイル（エキストラ・バージン・オリーブオイル、
　ヒマワリオイルなど）…… 大さじ2½
レモン汁 …… 小さじ2
塩、こしょう …… 各適量

※煎っていない中東の生ゴマペースト「タヒニ」が手に入ればベスト

・**作り方**・

1 ひよこ豆をざるで洗う。にんにくはみじん切りにする。

2 鍋に水をたっぷり入れて沸騰させ、ひよこ豆を入れ15分ゆでる。

3 ひよこ豆がゆで上がったら、湯を捨て、ざるにあげる。

4 ひよこ豆が熱いうちに容器にすべての材料を入れ、チョッパーでペースト状にする。

5 冷蔵庫で最低1時間冷やす。

⑧ Oignons Caramélisés

オニオン・カラメリゼ

蜂蜜を入れるのがプロヴァンス流。スライスしたパンにのせたり、箸休めに。

・材料（2人分）・

玉ねぎ …… 1個（240g）
オリーブオイル …… 小さじ2
白ワイン …… 大さじ2
蜂蜜 …… 小さじ2
塩、こしょう …… 各適量
エルブ・ド・プロヴァンス（P.010）
　（好みで）…… 適宜

・作り方・

1 玉ねぎは半分に切り、1〜2㎜幅の薄切りにする（**a**）。

2 フライパンにオリーブオイルを入れ熱し、あたたまったら玉ねぎを入れ、極弱火で5分ほど焦がさないよう気をつけながら炒める。白ワインを加え、ふたをして弱火で30分蒸らし炒めする（絶対に焦がしてはいけないので、ときどきかき混ぜる）。

3 ふたをとって中強火にし、混ぜながら水分をとばして蜂蜜を加え、写真のようなきれいな飴色になるまで10〜15分（目安）混ぜる（**b**）。

4 塩、こしょう、好みでエルブ・ド・プロヴァンスをふり、ざっくり混ぜる。

David mémo

焦がしたら終わりなので、くれぐれも気をつけて。ひと手間かけたら南仏名物のピサラディエール（P.082）も作れるよ。

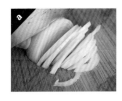

➡ アレンジレシピ：ピサラディエール（P.082）

Dip
ディップ

Dip
ディップ

⑨ **Tapenade**

オリーブのディップ　"タプナード"

プロヴァンスを代表するワインのおつまみ。
自家製はワンランク上のおいしさです。

・材料（2～3人分）・
グリーンオリーブ …… 100g
ケッパー …… 小さじ1
松の実 …… 小さじ1
アンチョビ …… 2枚
にんにく …… ½かけ（2.5g）
オリーブオイル（エキストラ・バージン）…… 大さじ3

・作り方・
1 種があるオリーブの場合、種をとる。すべての材料
を容器に入れ、チョッパーでペースト状にする。
2 冷蔵庫で最低1時間冷やす。

David mémo

にんじんやきゅうり、セロリなどの野菜スティ
ックにディップするのもヘルシーでおすすめ。
白身魚のポワレ（P.042）に添えても美味。1週
間くらい冷蔵庫で保存できるので、多めに作っ
てアレンジを楽しんでほしいな。

⑩ **Caviar d'aubergines**

なすのキャビアール

プロヴァンスの「キャビア」はなすのディップ！
でも、本物のキャビアにも負けないおいしさです。

・材料（2人分）・
なす …… 2本（300g）
にんにく …… 1かけ（5g）
オリーブオイル（エキストラ・バージン）…… 大さじ2
レモン汁 …… 小さじ1
塩、黒こしょう …… 各適量
エルブ・ド・プロヴァンス（P.010）…… 3つまみ

・作り方・
1 にんにくはみじん切りにする。なすは皮をむき、縦
半分に切り3等分にする。
2 なすを蒸し器でやわらかくなるまで5～8分（大きさ
による）蒸す（蒸し器がない場合はP.013参照）。
3 蒸したなすを耐熱容器に並べ、オリーブオイル小さ
じ1（分量外）を全体にまぶして200℃に予熱した
オーブンで10分焼き、水分をとばす。
4 なす、にんにく、オリーブオイル、レモン汁を容器
に入れチョッパーでペースト状にし、エルブ・ド・
プロヴァンス、塩、黒こしょうを加えて混ぜる。
5 器に移し、冷蔵庫で1時間ほど冷やす。あれば好み
でスライスしたレモンを飾る。

トマト・プロヴァンサル

Tomates provençale

オーブンに入れて、タイマーをかけて放置！
南仏でおなじみの焼きトマト。

・**材料**（2人分）・

トマト …… 中2個
にんにく …… 2かけ（10g）
イタリアンパセリの葉 …… 10枚
パン粉 …… 適量
オリーブオイル …… 適量
塩 …… 適量
こしょう …… 少々

・**下準備**・

● オーブンを180℃に予熱する。

・**作り方**・

1 にんにく、パセリはみじん切りにする。

2 トマトは横半分に切り、それぞれの断面に塩とこしょう（**a**）、にんにく
（**b**）、パセリ、オリーブオイル少々、パン粉、オリーブオイル少々（**c**）
を順にかける。

3 オーブンに入れ、20〜25分焼く。

David mémo

トマトの酸味がさわやか！ 肉、
魚、どちらにも合う万能つけ合
わせだよ。好みで上にのせるト
ッピングのローテーション（工
程**2**）を2回繰り返すと、サク
サク感が増すよ。トマトは完熟
前のものを選んで。

Dip
ディップ

ツナのディップ "トヨナード"

Thoïonade

大人も子どもも大好きな
身近なツナで簡単に作れる南仏ディップ。

・ **材料**（2〜3人分）・

ツナ水煮缶 …… 正味100g※
玉ねぎ …… ¼個（60g）
にんにく …… 1かけ（5g）
ケッパー …… 小さじ4
松の実 …… 小さじ2
レモン汁 …… 小さじ1
エルブ・ド・プロヴァンス（P.010）
　　…… 1つまみ
塩、こしょう …… 各適量

※目安は70gの缶詰なら正味約50g

・ **下準備**・

● ツナは水気をしっかりきっておく。

・ **作り方**・

1 玉ねぎは薄切りに、にんにくはみじん
　切りにする。

2 容器にすべての材料を入れ、チョッパ
　ーでペースト状にする。完全なペース
　ト状になる手前、少し素材のつぶつぶ
　感が残っているくらいでOK。

3 ゴムベラで器に移し、ラップをして冷
　蔵庫で1時間ほど冷やす。薄く切った
　パンやクルトン（P.020）にのせてテー
　ブルへ。

David mémo

ミニトマトファルシーは時間がたつと
水分が出てくるので、食卓に出す直前
に詰めましょう。料理は見た目も大切。
食卓を楽しみながら作ろう！

（ **Le petit plus** ／ ちょっとアレンジ！）

Mini tomates farcies

ミニトマトファルシー

カラフルなミニトマトに詰めれば
テーブルがぱっと明るく、かわいい！

・ **材料**（2人分）・

ミニトマト …… 6個
トヨナード …… 適量

・ **作り方**・

1 ミニトマトの上部（シャポーという）をカット
　して、なかの種の部分をとりのぞき水分をし
　っかりとる（**a**）（**b**）。

2 1のなかに冷えたトヨナードを山盛り詰める。

3 カットしたシャポーを飾りにのせる。

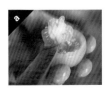

パプリカ・クリーム

Crème de poivrons rouges

パプリカで作る、
オレンジ色が鮮やかな美しいディップ。

Dip
ディップ

・ **材料**(2〜3人分)・

赤パプリカ …… 大2個(300g)
生クリーム(乳脂肪分35%程度)
…… 80㎖

・ **作り方** ・

1 パプリカは縦半分に切り、ヘタ、種、種のまわりの芯をとり(**a**)、各3
等分に切る。

2 やわらかくなるまで蒸し器で10〜15分蒸す(蒸し器がない場合はP.013
参照)。

3 蒸したパプリカを鍋に入れ、中強火で1〜2分かき混ぜて水分をとばす。

4 **3**の鍋に生クリームを入れ、中強火のままで2〜3分沸騰直前まで煮る。

5 ブレンダーでペースト状にし、お玉とざるで漉す(**b**)。

6 器に入れて冷蔵庫で最低2時間冷やしかためる。

パプリカのマリネ

Poivrons marinés à l'huile d'olive

ハーブとにんにくの香りが染み込んだ
プロヴァンス風味のパプリカ。

・材料（2〜3人分）・

パプリカ（赤や黄色など）
　…… 大2個（300g）
にんにく …… 1かけ（5g）
ローリエ …… 2枚
ローズマリー、タイム
　…… 各1枝（10cm）※
オリーブオイル
　（エキストラ・バージン）…… 適量
塩 …… 適量

※どちらか1枝だけでもOK

・作り方・

1　パプリカは縦半分に切り、ヘタ、種、種のまわりの芯をとり、各3〜4
　cm幅に切る。ピーラーで皮をむく（**a**）。にんにくは薄切りにする。

2　パプリカを蒸し器でやわらかくなるまで10〜15分蒸す（蒸し器がない
　場合はP.013参照）。

3　蒸したパプリカを1cm幅の細切りにする。

4　パプリカをボウルか器に入れ、にんにく、ローリエ、ローズマリー、タ
　イム（器のサイズに合わせてカット）を加え（**b**）、オリーブオイルをひた
　ひたになるまで注ぐ。塩を加え、かたまらないように混ぜる。

5　冷蔵庫で最低24時間マリネする。

David mémo

フランス人はこのオイルにパン
を浸して食べます。オイルが残
ったらパスタやサラダにかけて
もいいし、ドレッシング（P.075）
に使っても◎。

生野菜のアンチョビソース添え
"アンショワイアード"
Anchoïade

アンチョビソースに生野菜をつけていただく、
プロヴァンスの夏の生野菜料理。

・**材料**（2人分）・

きゅうり …… 小1本（100g）
にんじん …… 小1本（100g）
カリフラワー …… 大2房（100g）
マッシュルーム …… 50g
ミニトマト …… 10個
ラディッシュ …… 6個
フェンネル（ウイキョウ）の鱗茎
　（またはセロリ） …… 25g
アンショワイアードソース …… 適量

・**作り方**・

1 野菜を食べやすい大きさに切り、大きめの
皿に並べ、アンショワイアードソースを添
えたらでき上がり！

David mémo

食欲がわかない夏の暑い日のランチやアペリ
ティフ・ディナトワールに登場するメニュー
です。なんたってソースを作って野菜を切る
だけだからね。アンチョビのうまみで生野菜
がいつも以上においしく感じられるよ。

Sauce Anchoïade
アンショワイアードソース

地中海と大地の恵みが詰まった極旨ソース。

Sauce
leçon
01

・**材料**（2人分）・

アンチョビ …… 20枚（60g）
にんにく …… 大1かけ（8g）
ケッパー …… 小さじ1
オリーブオイル（エキストラ・バージン）
　…… 大さじ3

・**作り方**・

1 にんにくは粗みじん切りにする。
2 すべての材料を、チョッパーまたはブレ
ンダーでペースト状にする。

アンショワイアードソース使用レシピ：トマトのタルト（P.083）

ひよこ豆のおやき
"パニス"

Panisse

マルセイユっ子のソウルフード。
外はカリッ、なかはふわっ。
つけ合わせにもつまみにも。

・材料（4人分）・

＊14×14×5cmの耐熱容器を使用

ひよこ豆粉 …… 150g

水 …… 500㎖

オリーブオイル …… 大さじ1

塩 …… 適量

黒こしょう

　（または

　　エルブ・ド・プロヴァンス

　　P.010）

　（好みで）…… ひとつまみ

・作り方・

1 ひよこ豆粉はふるっておく。

2 水、オリーブオイル、塩を鍋に入れて火にかける。湯がフツフツしてきたら弱火にし、泡立て器でかき混ぜる。

3 弱火のまま、鍋にひよこ豆粉を少しずつ入れながら（**a**）、泡立て器で約3分かき混ぜ、ペースト状にする。最後に火を強め、2分ほどかき混ぜながら水分をとばす。

4 すぐに容器にオリーブオイル（分量外）を少したらし内側全体に薄くぬり（生地がくっつかないように）、**3**を流し込む。

5 **4**の容器の下にタオルを敷き、両手で器を持ってトントンと軽く叩きつけてなかの空気を抜く。

6 クッキングシートを生地の表面に密着させて覆う（**b**）。

7 粗熱がとれたら冷蔵庫へ。3時間ほど冷やしかためる。

8 容器からとり出し（**c**）、2×3cmくらいのひと口大に切る。またはスティック状に切りフィンガーフード風にしたり、つけ合わせ用（**d**）に大きめに切ってもいい。薄すぎるとふわふわ感がなくなり、厚すぎると火がなかまで通りにくくなるので厚さは2cmくらいがベスト。

9 フライパンにオリーブオイル大さじ1（分量外）を入れてあたため**8**を入れ、ふたをして弱火で全面をこんがり焼く。塩を両面にかける。好みで、黒こしょうやエルブ・ド・プロヴァンスなどをかけてもピリッとしておいしい。

David mémo

生地はラップをして5～6日冷蔵庫で保存できます。食べる直前に焼いて、アツアツを食べよう。一般的には揚げることが多いけど、よりヘルシーで手軽な焼きバージョンを今回は紹介しました。

簡単サーモンのリエット
レモン風味

Rillettes de saumon au citron

手が込んでいそうに見えるけど、
絶対失敗しない超簡単リエットです。

・ 材料（4人分）**・**

生鮭の切り身 …… 250g

スモークサーモン …… 125g

無塩バター …… 50g

生クリーム（乳脂肪分35％程度）
　　…… 大さじ3

レモン汁 …… 大さじ1

レモンの皮 …… レモン½個分

塩 …… 適量

ディル、チャイブ、セルフィーユ、
　パセリなど
　（トッピング用）（好みで）
　　…… 適宜

・ 下準備 ・

● バターを弱火で溶かしておく（電子レンジで加熱しても）。茶色く色づかないように注意。

・ 作り方 ・

1 蒸し器にクッキングシートを敷き、鮭をスチームして全体に火を通す（蒸し器がない場合はP.013参照）。切り身の大きさによるが、材料写真（左）くらいの大きさなら6〜7分を目安に。いちばん厚い部分を包丁でカットしてなかまで火が通っているか確認する。火を通しすぎて身がパサパサにならないように注意。

2 スモークサーモンはみじん切りにする（**a**）。

3 蒸した鮭の骨、皮、血合いなどをとりのぞく。身をフォークの背でつぶし、フレーク状にする（**b**）。塩を加える。

4 ボウルにフレーク状にした鮭とスモークサーモン、バター、生クリーム、レモン汁、すりおろしたレモンの皮を入れ（**c**）、スプーンでしっかり混ぜる。ボウルやココットなどに入れかえておけば、テーブルにそのまま出せる。

5 冷蔵庫で最低2時間冷やしかためる。

6 パンにのせる際に、好みでハーブやレモンをトッピングする。

David mémo

3、4の工程はチョッパーやフードプロセッサーにまかせてもいいけど、完全にペースト状にするより、みじん切りのつぶつぶ感が残っているのがホームメイドならではでいいと思う。翌日はアボカドや野菜とサンドイッチにしたり、サラダにしてもうまい！

3種のウフ・ミモザ

Œufs mimosa

笑っちゃうくらい簡単だけど、ミモザの花に
見立てたひと皿は食卓に華を添えてくれます。

・材料（2人分）・

卵 …… 3個
アボカド …… ¼個
ツナ水煮缶 …… 大さじ2
イタリアンパセリ …… 少々
塩 …… 適量
マヨネーズ …… 大さじ2

・作り方・

1 アボカドはフォークの背でつぶす。ツナは水気をきり、細かくフレーク状にする。パセリはみじん切りにする。

2 かたゆで卵を作る。鍋に卵がかぶるくらいの水を入れ、沸騰したら卵を静かに入れ、卵がぶつかって割れない程度の火力で12分ゆでる。

3 湯を捨て、流水を入れ、水を流しながら殻をむく（そうするとむきやすい）。

4 卵を縦半分に切り、黄身と白身に分ける。½個分の黄身だけラップをして冷蔵庫に入れ、残りの黄身はボウルに入れる。

5 ボウルにマヨネーズを入れ、フォークで黄身をつぶしながら混ぜる。塩を加えて混ぜたら、小さなボウル3つに分ける。

6 ひとつにアボカドとパセリを加えて混ぜ（**a**）、もうひとつにツナを加えて混ぜる。残りひとつはそのままに。

7 白身のなかに**6**をこんもり、たっぷり詰め、皿に並べる（1種各2個）。

8 冷蔵庫に入れておいた黄身をチーズおろし器でおろしながら（**b**）、**7**の上にかける。

David mémo

昔ながらのブラッスリー料理。元々はアボカドもツナも入れないプレーンタイプだけど、こんなふうにアレンジするのも楽しいね。

Mayonnaise
マヨネーズ

Sauce leçon 02

フランス人が愛するフランス生まれの代表ソース。

・材料（200g分）・

卵黄 …… 1個分
マスタード …… 小さじ1（卵黄とほぼ同量）
植物オイル …… 170㎖※
　（ヒマワリオイル、菜種オイルなど85㎖ ＋
　エキストラ・バージン・オリーブオイル85㎖ など）
塩 …… 適量

※オリーブオイルだけで作ると香りが強すぎるので、入れるなら全体量の半分以下に

・下準備・

● 作る20分ほど前に、マスタードと卵黄を冷蔵庫から出しておく（オイルとの温度差があると分離の原因になるため）。

・作り方・

1 ボウルに卵黄、マスタード、塩を入れ、泡立て器でかき混ぜる。下にタオルを敷くと安定する。

2 オイルを少しずつ入れながら、力強く混ぜていく。大事なポイントは、とくに最初はオイルを本当に数滴ずつ入れることと、オイルを入れたら時間をおかず、エネルギッシュにかき混ぜ続けること。力がいるので電動泡立て器があると便利。

3 ボウルをひっくり返してもビクともしないくらいかたまったらでき上がり（**c**）。すぐに冷蔵庫へ。

プロヴァンスのワイン

　プロヴァンス料理はシンプルで、お金をかけずに作れる、色鮮やかで健康的な料理。本書でご紹介する家庭料理にも、気どらない南仏のワインがよく合います。南の地中海沿岸、ローヌ川流域のアヴィニョン近郊、ヴァントゥ山の涼しい斜面などで造られるワインです。ディップやアペリティフにはカマルグやコート・ド・プロヴァンスのフレッシュな白やロゼが合うでしょう。氷を入れて飲んでもかまいません。魚料理にはカシやリュベロンの白、肉料理にはバンドール、シャトー・ヌフ・デュ・パプ、ジゴンダス、ヴァケラスの赤ワインをおすすめします。

南仏のロゼはどの産地も辛口なので、食事にも合わせやすい。

（　主なワインの産地　）

Cassis
カシ

地中海に面した港町で造られるワイン。白い花やハーブの香りが特徴的なミネラル感のある白ワインが有名。いい魚を奮発したときに抜栓したい、ちょっといい白。

Camargue
カマルグ

ローヌ川が地中海に注ぐデルタ地帯、カマルグの砂地で16世紀から造られてきたヴァン・ド・サーブル（砂のワイン）。アペリティフやランチに気軽に飲みたいワイン。ミネラルを感じるものが多い。

Gigondas, Vacqueyras
ジゴンダス、ヴァケラス

コート・デュ・ローヌ・ヴィラージュから独自のアペラシオン（原産地統制呼称）となりました。いずれも生産量の多くは赤で、シャトー・ヌフ・デュ・パプ系統のフルボディが人気。

Bandol
バンドール

カシの東の港町バンドールは、プロヴァンスのなかでもっとも重要なワイン産地のひとつ。ルイ14世も愛飲していたそう。フランスで唯一、ムールヴェドル種を主体にしたフルボディの赤が有名で、地中海の風と太陽が育んだ特徴あるワイン。赤は若いうちはタンニンが強いので、すぐ飲むなら熟成したものを選びましょう。食事に合わせられる高級ロゼも。

Châteauneuf du pape
シャトー・ヌフ・デュ・パプ

アヴィニョンの教皇庁のために14世紀に造られた、ヴァレ・デュ・ローヌの南に位置するアペラシオン。13種のぶどう品種をブレンドした、パワフルでスパイシーな赤ワインが造られています。白はごくわずか。赤も白も濃厚で、秋冬になると飲みたくなります。子羊料理とのマリアージュは最高！

Ventoux
ヴァントゥ

ぶどう畑はプロヴァンス最高峰ヴァントゥ山の斜面にあります。比較的冷涼な場所で造られるためフルーティでフレッシュ、エレガントなワインが多く、コストパフォーマンスも素晴らしい。生産量の80％が赤。夏は軽く冷やして飲んでも◎。

Luberon
リュベロン

長期に熟成させて楽しむタイプではなく、買ってすぐ飲めるフレッシュなワインがほとんど。リーズナブルですが、バランスがよく、家庭で飲むテーブルワインとしては十分満足できるものが多い。

Côte de Provence
コート・ド・プロヴァンス

マルセイユの北からニース近くまで広がる、フランスでもっとも広いアペラシオン。生産量の80％がロゼで、氷を入れて気軽に飲めるタイプのものが豊富です。

Chapitre

2

プロヴァンスっ子が愛する

地中海の魚料理

紺碧の海に面した南フランスでも
魚介料理はいつだってごちそうです。
海の恵みを堪能してください。

・・・

Cuisine provençale
comme à la maison

いかのプロヴァンス風煮込み ポレンタ添え

Daube de calamars à la provençale et sa polenta

トマト、オリーブ、香草と煮たいかを、
クリーミーなポレンタと一緒に。

David mémo
アルコールが苦手な場合は、ブランデーは入れなくて大丈夫だよ。ポレンタでなくごはんを添えてもいいね。

・材料（4人分）・

いか …… 4杯（600g）
玉ねぎ …… 小1個（130g）
にんにく …… 4かけ（20g）

A トマト …… 2個（280g）
　　トマト缶 …… 800g
　　にんじん …… 小2本（200g）
　　セロリの茎 …… 2本（100g）
　　フェンネル（あれば）…… 100g
　　グリーンオリーブ …… 60g
　　ブーケガルニ※ …… 1個
　　　　ローズマリー …… 1枝（5〜6㎝）
　　　　ローリエ …… 2〜3枚
　　　　クローブ …… 2個

白ワイン …… 250㎖
ブランデー …… 大さじ1½
オリーブオイル …… 大さじ2
酢（米酢、ワインビネガーなど
　　なんでもOK）…… 大さじ1
塩 …… 小さじ2

【ポレンタ】
ポレンタ粉（とうもろこしの粉）…… 50g
牛乳 …… 220㎖
生クリーム（乳脂肪分35％程度）
　　…… 100㎖
オリーブオイル …… 小さじ2
パルミジャーノチーズ（すりおろす）
　　…… 大さじ2
塩 …… 1つまみ
エルブ・ド・プロヴァンス（P.010）
　　（好みで）…… 1つまみ

イタリアンパセリ（好みで）…… 適宜
黒こしょう（好みで）…… 適宜

※お茶パックに入れておく

・作り方・

1　にんにくと玉ねぎはみじん切り、トマト、にんじん、セロリの茎はさいの目切りにする。

2　鍋にいかを入れ、かぶるくらいの水を注ぎ、酢を加えて沸騰させる。いかは下処理せず丸ごと入れてOK。2分ほど沸騰させたら火からおろし、湯を捨て、すぐに流水の下で冷やしながら（**a**）、いかの皮や内臓、くちばし、目をとりのぞく。砂が入っていることがあるので流水でよく洗う。

3　いかを1〜1.5㎝幅の輪切りにし、足などは食べやすい大きさに切る（**b**）。

4　鍋にオリーブオイルを入れてあたため、にんにく、玉ねぎを弱火で炒める。白ワインを少し加える。玉ねぎが透明になったらOK（茶色くならないように注意）。

5　**A**、残りの白ワイン、いかを入れる。最初は強火で沸騰させ、沸騰したら弱火にして塩を加えて混ぜる。ときどきかき混ぜながら、ふたをして30分、その後ふたをとって30分煮込む。

6　別の小鍋でブランデーをあたため、沸騰したら鍋を傾けながらフランベして、アルコール分をとばす。

7　でき上がったいかの鍋に**6**を加えて混ぜる。

8　ポレンタを作る。鍋にオリーブオイルを入れてあたため、ポレンタ粉を入れて中火にして1分ほど泡立て器で混ぜ、牛乳と生クリームをそれぞれ2回に分けて入れる。中弱火にしてかき混ぜながら、5〜8分あたためる。

9　もったりかためのクリーム状になってきたら、パルミジャーノチーズ、塩、好みでエルブ・ド・プロヴァンスを入れて混ぜる。

10　**7**を皿に盛り、ポレンタを添え、好みでイタリアンパセリのみじん切りを散らし、黒こしょうをかける。

白身魚のポワレ

Poisson à chair blanche poêlé

カリッふわっと焼き上げた魚に
プロヴァンスの夏の冷たいソースを添えて。

・材料（2人分）・

白身魚の切り身
　（鯛、スズキ、舌平目など）※
　　…… 2切れ
塩 …… 適量
小麦粉（薄力粉）…… 少々
オリーブオイル …… 大さじ1
ルガイソース（好みで）…… 適宜

【つけ合わせ】
トマト・プロヴァンサル（P.025）
　　…… 適宜

※写真ではスズキを使用

David mémo

デリケートな白身魚のポワレの
おいしさの決め手は焼き具合！
皮目側で8割ゆっくり火を入れ、
身の側を焼きすぎないように気
をつけて。

・作り方・

1 切り身に骨があればとりのぞき、身の側に塩をふる。

2 皮目だけに小麦粉をつけ、余分な粉は払っておく（**a**）。

3 フライパンにオリーブオイルを入れ、弱火であたためて、皮目を下にして並べ入れる。

4 弱火でフライパンを揺すりながら、皮がくっつかないように焼く。

5 皮にこんがり焼き色がついたら、身がくずれないように気をつけてひっくり返す。焼きすぎるとパサパサになってしまうので、身の側は1分くらい軽く焼く程度に。切り身が薄ければ、火を止めて余熱で焼くくらいでちょうどいい。

6 皿に盛り、好みでルガイソースを添える。つけ合わせは好みでトマト・プロヴァンサルなどを。

Sauce Rougail
ルガイソース

白身魚やホタテの貝柱、鶏肉にも合う南仏の夏のソース。

Sauce
leçon
03

・材料（2人分）・

トマト …… 小2個（200g）
松の実 …… 大さじ1
ケッパー …… 大さじ1
オリーブオイル（エキストラ・バージン）
　　…… 大さじ4
レモン汁 …… 小さじ1

・作り方・

1 トマトを4つに切り、ヘタと種の部分をとりのぞき（**b**）、さいの目に切る。

2 ケッパーはざく切りにする。

3 ボウルにすべての材料を入れて、大きなスプーンでかき混ぜる。

→ ルガイソース使用レシピ：鯛のカルパッチョ（P.044）、まぐろのタルタル（P.045）

鯛のカルパッチョ

Carpaccio de daurade

新鮮な白身魚をオリーブオイルと
バジルのソースで地中海風にいただきます。

・ 材料（2人分）・

刺身用鯛の柵※ …… 60〜80g

レモン汁 …… 小さじ1

オリーブオイル（エキストラ・バージン）
　…… 大さじ1

塩 …… 適量

黒こしょう …… 少々

ピストゥソース …… 小さじ2

ルガイソース（P.043）（好みで）
　…… 小さじ2

※スズキ、ヒラメ、ホタテの貝柱などでもOK

・ 作り方 ・

1 鯛は包丁を斜めにして、薄くそぎ切りにする。

2 皿の上に鯛をきれいに並べる（重ねない）（**a**）。全体に塩、黒こしょう、レモン汁をかける。

3 オリーブオイルをかけ、全体にいき渡るように皿を前後左右に動かす（**b**）。

4 ピストゥソースをスプーンで散らしながらかける。

5 好みでルガイソースを中央にのせる。

Sauce au pistou

ピストゥソース

Sauce
leçon
04

バジルと松の実とオリーブオイルのソース。

・ 材料（100g分）・

にんにく
　…… 2かけ（10g）

バジル …… 30g

松の実 …… 小さじ2

オリーブオイル
（エキストラ・バージン）
　…… 大さじ4

塩 …… 適量

・ 作り方 ・

1 にんにくとバジルはみじん切りにし、松の実、オリーブオイル、塩と一緒にチョッパーにかける。数秒で止めて再スタートを5〜6回繰り返す。

2 器の内側に砕かれていない部分があれば、ゴムベラでこそぎとり、さらに数回攪拌してペースト状にする。写真（**c**）の状態になったら完成。

(Le petit plus ／ ちょっとアレンジ！)

Tartare de thon

まぐろのタルタル

冷えた白ワインやビールに合う、まぐろのおつまみ。

・ 材料（2人分）・

刺身用まぐろ赤身の柵 …… 100g

イタリアンパセリ（みじん切り）…… 1つまみ

チャイブ（またはディル）（みじん切り）…… 1つまみ

ルガイソース（P.043）…… 大さじ2（液体はのぞく）

塩 …… 適量

黒こしょう …… 少々

ピストゥソース …… 小さじ½

・ 作り方 ・

1 まぐろを5mm〜1cm角に切る。

2 ピストゥソース以外のすべての材料を入れて混ぜる。

3 皿に盛り、ピストゥソースを皿に散らし、好みで混ぜながら食べる。

➲ ピストゥソース使用レシピ：プロヴァンス風ラムチョップ（P.058）、ピストゥスープ（P.088）

たらのブランダード

Brandade de morue

干し塩だらで作る南仏のグラタン。
たらのうまみとじゃがいものやさしいハーモニー。

David mémo

プロヴァンスの西隣、ラングド
ック地方の郷土料理だよ。たら
の塩抜きに時間がかかるけど難
易度は高くないのでトライ！

・材料（4人分）・

※直径23cmの耐熱容器を使用

干し塩だら
　（または干しだら、バカリャウ※など）
　　…… 500g
牛乳 …… 適量
じゃがいも …… 4½個（450g）
生クリーム（乳脂肪分35％程度）
　　…… 200ml
塩 …… 適量
にんにく …… 4かけ（20g）
オリーブオイル …… 大さじ2

※バカリャウはポルトガル産の塩漬けしたたらを
天日干ししたもの

・下準備・

干し塩だらを戻す

1　干し塩だらを水で洗い（**a**）、皮など余分な部分があればとり、5cm幅程度に切る。

2　大きなボウルにざるを入れてたらをおき（底に溜まる塩がたらに触れないようにするため）、水を注ぐ（**b**）。

3　4〜5時間ごとに水をとりかえ、冷蔵庫で塩抜きをしていく。その都度、たらを流水でよく洗う。なめてみて塩辛いと感じなくなるまで繰り返す（時間は干し塩だらの種類や厚さによる。10時間浸けっぱなしでも問題ない）。干しだらは短時間で塩抜き可能。

4　塩辛さがなくなったら、今度はつぶしたにんにく1かけ（分量外）を入れた牛乳に2時間浸してくさみを抜く。

5　水で洗い、キッチンペーパーで水気を拭きとる。

・作り方・

1　鍋にじゃがいもを皮ごと入れ、かぶるくらいの水を注いでゆでる。竹串で刺してなかまですっと通ったらOK。湯を捨て、熱いうちにじゃがいもの皮をむき、裏漉し器やざるで裏漉しする（またはマッシャーでしっかりつぶす）。

2　鍋にじゃがいもを入れ、弱火で2〜3分かき混ぜながら水分をとばす。生クリームを少しずつ入れ、混ぜながらクリーミーな状態にしていく。最後に塩を加えて混ぜる。ピュレ（マッシュポテト）が完成。

3　たらを手で小さくむしりながら、骨や皮のかたい部分があればとりのぞく（**c**）。

4　オーブンを200℃に予熱する。

5　にんにくをみじん切りにし、フライパンにオリーブオイルと一緒に入れて弱火であたため（色がつかないように注意）、香りがたってきたらすぐたらを入れる。

6　木ベラでたらをつぶしながら、中火で炒める（**d**）。

7　鍋に**6**のたらを入れ、**2**のじゃがいもを加え、中火にかけてよくかき混ぜる。

8　耐熱容器に入れ、オーブンで10分ほど焼く。表面に焼き目がつけばOK。好みでパン粉を上にかけてカリッと焼いても。

オーブンで焼かず、クルトン（P.020）にこんもりのせればワインのおつまみに。黒こしょうをピリッときかせて。

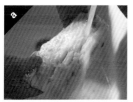

さばのエスカベッシュ

Escabèche de maquereaux

フライパンひとつでできてしまう、
簡単＆安上がりな南蛮漬けに似た魚料理。

・ 材料（2人分）・

さばの切り身 …… 2切れ
玉ねぎ …… 小½個（65g）
にんじん …… ½本（75g）
トマト …… ½個（70g）
にんにく …… 2かけ（10g）
オリーブオイル …… 大さじ2
酢（シードルビネガー、
　　白ワインビネガー、米酢など）
　　…… 220mℓ
白ワイン …… 大さじ4
水 …… 140mℓ
ローズマリー（またはタイム）
　　…… 1枝（5〜6cm）
塩 …… 適量
砂糖（または蜂蜜）…… 小さじ1

・ 作り方 ・

1 玉ねぎは薄切り、にんじんは3〜5mm角、トマトは種をとりのぞき5mm〜1cm角程度の大きさに切り、にんにくは厚めのスライス（**a**）にする。

2 さばを洗い、キッチンペーパーで水気をおさえ、塩をふる。フライパンにオリーブオイルを入れて弱火であたため、さばをまず皮目を下にして焼き（**b**）、裏返して身側も焼く。身の厚さによるが、通常2分ずつくらい。フライパンから出し、皿にのせる。

3 フライパンのオイルと焼き汁をそのまま残し、玉ねぎ、にんじん、にんにくを入れ（**c**）、中火でゆっくり5分くらい炒める。

4 酢、白ワイン、水、塩、ローズマリーを入れ（**d**）、強火で10分火を入れる。

5 火を止め、トマトと砂糖を入れて混ぜ、味をみて酸味が強すぎる場合は砂糖（分量外）を加える。ふたをして15分おく。

6 さばの上に**5**をのせる。

David mémo

さば以外に、いわしやにしんでも作ります。プロヴァンスでは蜂蜜ビネガーなど甘みのある酢を使うけど、日本では手に入りにくいと思うので、酸味が強いと思ったら砂糖や蜂蜜を足してください。30分〜3時間くらい常温で魚に味をなじませるとさらにおいしくなるよ。

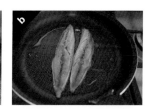

たこのサラダ

Salade de poulpe

南フランスの代表的たこ料理。たこのうまみと
夏野菜でさわやかなサラダ仕立てに。

・材料（2人分）・

生だこ
　（または冷凍生だこ、ゆでだこ）
　　…… 200g
トマト …… 1個（140g）
きゅうり …… 小1/3本（30g）
セロリの茎 …… 30g
フェンネルの鱗茎（あれば）…… 30g
フェンネルの葉（またはディル）
　　…… 2枝
ケッパー …… 小さじ1
レモン汁 …… 小さじ2
オリーブオイル
　（エキストラ・バージン）
　　…… 大さじ3
野菜のブイヨン（顆粒）
　　…… 小さじ2※1
塩 …… ふたつまみ
こしょう …… 適量
ブーケガルニ※2 …… 1個
　┌ ローズマリー（またはタイム）
　│　　…… 1枝（5〜6cm）
　├ ローリエ …… 2枚
　└ クローブ …… 2個

※1 パッケージに記載されている使用量に合わせて加減を
※2 お茶パックに入れておく。ローズマリー、タイムは両方入れてもOK

・下準備・

生だこをゆでる

1 たこを流水でよく洗う。

2 鍋に水1ℓを入れ、沸騰したらブーケガルニ、野菜のブイヨンを入れ、泡立て器でかき混ぜ、よく溶かす。

3 たこを入れる（**a**）。

4 再び沸騰したら弱火でふたをして（少しずらして隙間をあけておく）1時間30分ほどゆでる。たこの大きさによってゆで時間が異なるので、包丁の先で刺してやわらかくなっていればOK。まだかたければさらにゆでる。場合によっては2時間30分以上かかることも。吸盤などはゆでている間に自然にとれる。

・作り方・

1 トマトは縦4つに切って種の部分をとる。きゅうりは縦4つに切り、種の部分をとりのぞく。

2 トマト（**b**）、きゅうり、セロリ、あればフェンネルの鱗茎を3〜5mmほどの小さな角切りにする。

3 ケッパーとフェンネルの葉は粗いみじん切りにする。

4 ゆで上がったたこを水で洗いながら、皮、吸盤、くちばし、目玉などをとりのぞき、冷水を張ったボウルのなかに入れ、完全に冷やす（水を何度かとりかえる）。冷えたらとり出し、キッチンペーパーで水分を拭きとる。

5 たこを小さめのひと口大に切る（**c**）。

6 ボウルに**2**、**3**、**5**、レモン汁、オリーブオイルを入れ、大きめのスプーンでよく混ぜ合わせる（**d**）。最後に塩、こしょうを加えて混ぜる。

7 冷蔵庫で最低1時間冷やす。あればセルクル型を皿におき、そのなかに**6**を詰めて円形に盛りつける（型がなければカップなどで代用を）。飾りにフェンネルの葉（分量外）をあしらう。

David mémo

たこがかたいとおいしくないので、ゆでだこを使う場合、かたければやわらかくなるまでゆでてください。たこに竹串で穴をあけ、お酒を少し入れるとやわらかくなります。塩を入れるとかたくなるので入れないで。

ムール貝のパセリバター
オーブン焼き

Moules gratinées

海辺の町のレストランの定番。
パセリバターの香りが食欲をそそります。

・材料（2人分）・

ムール貝（大きめのもの）…… 12個

パン粉 …… 適量

塩 …… 適量

パン（食パン、バゲットなど）
　　…… 適量

にんにくパセリバター（P.056）
　　…… 60g

・下準備・

● にんにくパセリバターを冷蔵庫から出して、1時間おく。

・作り方・

1　ムール貝を流水で洗い、包丁で貝の表面の付着物をこすり落とし、海草などがはさまっていればとっておく。

2　鍋に水を入れ火にかけ、沸騰したらムール貝を入れ、1分ほど煮たたせて、貝を開かせる。

3　すぐに湯を捨て、ムール貝をボウルにとり、流水で冷ます。冷めたら水をきる。

4　オーブンを200℃に予熱する。

5　ムール貝の片方の殻をはずし（**a**）、スプーンか手で身を離す（そのほうが食べやすい）。

6　大きい殻を選んで、ムール貝の身を入れ（**b**）、スプーンでにんにくパセリバターをかぶせるようにのせる（**c**）。

7　天板にクッキングシートを敷き、ムール貝を並べる。この時、ひと口大に切ったパンの上にのせる（**d**）と安定するうえに、焼いている間にバターが溶け出し、パンもおいしく食べられるのでおすすめ。

8　ムール貝に塩とパン粉をふる。

9　オーブンに入れる。グラティネするので、天板は上部に。約5分焼く。オーブントースターなら2〜3分でOK。火は通っているので、バターが溶けて、こんがり焼き色がつけばでき上がり。

David mémo

プロヴァンスの海でもムール貝を育てているから、おなじみの一品。う〜ん、パセリバターの香りがたまらない。オーブンから出したてのアツアツを食べてね。溶け出したバターが染み込んだパンがまたうまい！はまぐり（大きければ半分に切る）、マテ貝でもおいしく作れるよ。

① **Chantilly d'oursins**
うにのシャンティイ

② **Toast à l'oursin**
うにのトースト

③ **Brouillade d'oursins**
うにのブルイヤード

David mémo

地中海のうには濃いオレンジ色で身は少ないけど濃厚。ブルイヤードはスクランブルエッグに似てるけど完全に火を通さず、でも液状ではないしっとりした状態の卵料理だよ。大切なのはできたてを食べること！

南仏流うに料理3種

殻をカットしてスプーンですくって生で食べるのが一般的な
食べ方ですが、ひと手間加えると特別なおもてなし料理に。

---

① Chantilly d'oursins

うにのシャンティイ

クリーミーなうにの前菜。
混ぜながら食べて。

・材料（2人分）・

生クリーム（乳脂肪分35％程度）
　…… 大さじ4
塩 …… 適量
オリーブオイル
　（エキストラ・バージン）
　…… 小さじ½
うに …… 大さじ1
レモンの皮（すりおろす）
　…… 1つまみ
チャイブ（またはディル）
　（みじん切り）…… 1つまみ

・作り方・

1 ボウルに生クリームと塩を入れ、泡立て器で泡立てる。やわらかめの仕上がりでOK。冷蔵庫で最低30分冷やす。

2 別のボウルにオリーブオイル、うに、レモンの皮、チャイブを入れて、大きめのスプーンでやさしく混ぜる。

3 小さなガラスの器に、冷やしておいた **1** の生クリームを入れ、上に **2** をのせる。好みでチャイブ（分量外）を飾る。

---

② Toast à l'oursin

うにトースト

カリッと焼いた
クルトンで、シンプルに。

・材料（2人分）・

うに …… 大さじ2
レモンの皮（すりおろす）
　…… 2つまみ
ディル（またはチャイブ）
　（みじん切り）…… 2つまみ
クルトン（P.020）…… 2切れ

・作り方・

1 ボウルでうに、ディル、レモンの皮をざっくり混ぜる。

2 クルトンの上に **1** をたっぷりのせて、ディル（分量外）をトッピングする。

---

③ Brouillade d'oursins

うにのブルイヤード

フランス風
スクランブルエッグを
うに入りで。

・材料（2人分）・

卵 …… 2個
うに …… 大さじ3
オリーブオイル …… 小さじ2
レモンの皮（すりおろす）
　…… 小さじ1
塩 …… 適量

・作り方・

1 ボウルに卵を割り入れ、フォークでかき混ぜる。塩を入れ、さらに混ぜる。

2 別のボウルにうにとレモンの皮を入れて、ざっくり混ぜる。

3 フライパンにオリーブオイルを入れあたためて、中火にして **1** を流し込み、ゴムベラでかき混ぜ続ける。

4 卵が半生の状態になったら、**2** を入れてかき混ぜ、まだ少し液体が残り、全体にとろっとした状態で火を止め、すぐに器に盛りつける（すぐに移さないと火がさらに通ってパサパサになるので注意）。

アレンジバター
本格的フレンチが一瞬で作れる

Beurre aillé persillé
にんにくパセリバター

牛のステーキ、魚介のポワレ、パスタの仕上げ、
トーストにのせるだけで、セ・ボン！

・ **材料**（作りやすい量）・

無塩バター …… 125g
イタリアンパセリ …… 10g
にんにく …… 4かけ（20g）

・ **作り方** ・

1 バターは冷蔵庫から出して約1時間おく。

2 パセリとにんにくはみじん切りにする。チョッ
　パーでカットしてもOK。

3 ボウルにバターを入れ、パセリとにんにくを加
　え、ゴムベラでよく混ぜあわせる。

4 しっかり混ざったら、広
　げたラップの上に棒状に
　のばし、ラップを巻く。
　空気が入らないように、
　片側ずつ、ぎゅっと内側に圧を加えながら、両
　側をしっかり閉じる（**a**）。すぐに使う場合は、
　器に入れてもOK。冷蔵庫で1時間以上冷やす。

5 長期保存して少しずつ使いたい場合は冷凍庫で
　保存し、必要な分だけ切って使用する。

Beurre de crevettes
えびバター

新鮮なえびの殻を利用した、とっておきバター。
白身魚やホタテのポワレと相性抜群。

・ **材料**（作りやすい量）・

無塩バター …… 125g
えびの殻、頭 …… 100g
塩 …… 小さじ1

・ **作り方** ・

1 小鍋にバターを入れて極弱火で溶かす。

2 えびの殻と頭を入れて、木ベラでしっかりつぶ
　す（とくに頭はダシがよく出るのでよくつぶす）。
　火を止め、5〜8分おく。

3 ざるで漉し、塩を加えて混ぜる。ここでまたつ
　ぶすと苦みが出てしまうので、漉すだけでOK。

4 器に入れ、粗熱がとれたら冷蔵庫で1時間以上
　冷やす。左記のパセリバター同様、冷凍保存可。

David mémo

ホタテなどをポワレして最後にえびバターをの
せると濃厚な一品に。ミソが溜まるので底は味
が濃くなるよ。

Chapitre

3

たっぷり食べたい！

おうち肉料理

気どらず、ボリュームたっぷり！
身も心も満たしてくれる
伝統的な家庭料理をご紹介します。

・・・

Cuisine provençale
comme à la maison

プロヴァンス風ラムチョップ

Côtelettes d'agneau

プロヴァンスの肉料理といえば、子羊（ラム）。
おいしい脂身をいかにうまく焼くかがポイント！

・材料（2人分）・

ラムチョップ …… 大4本
塩 …… 2つまみ
黒こしょう …… 適量
ピストゥソース（好みで）（P.045）
　　…… 適宜

【つけ合わせ】
ラタトゥイユ（好みで）（P.071）
　　…… 適宜

・作り方・

1 包丁でラムチョップの脂身に約1cm幅で切り込みを入れる（**a**）。

2 4本のラムチョップに竹串を刺して（**b**）ひとつにまとめ、全体に塩、黒こしょうをふる。

3 フライパンを熱し（オイルは入れない）、脂身を下にして中火で焼き、脂を出す。肉がくっついて焦げないようフライパンをときどき動かす。

4 1〜2分でじわじわ脂が出てきたら、弱火にしてふたをする。

5 脂がしっかり焼けたら（**c**）竹串をとり、強火にして4本それぞれの両面を30秒ずつ焼く。

6 皿にラタトゥイユなどをつけ合わせ、好みでピストゥソースを添えたら完璧！

David mémo

ラムチョップは脂身と赤身を同じ焼き加減にするのがポイント。つけ合わせはラタトゥイユのほか、夏野菜のティアン（P.070）やトマト・プロヴァンサル（P.025）が定番！

薄切り牛肉の
アルエット・サン・テット

Alouettes sans tête

赤身の安い肉をおいしく食べる
庶民の知恵が詰まったマルセイユ料理です。

・材料（4人分）・

※ひとりにつき肉2個

牛もも肉
（厚さ約3mm、1枚20×15cm
くらいの大きさがベスト）
…… 750g
厚切りベーコン（厚さ1cm）…… 110g
にんにく …… 5かけ（25g）
オリーブオイル …… 小さじ1＋大さじ1
塩、こしょう …… 各適量
イタリアンパセリの葉
…… 15g＋適量（仕上げ用）

【トマトソース】
トマト水煮缶 …… 800g
玉ねぎ …… 小1個（130g）
オリーブオイル …… 大さじ1
赤ワイン（または白ワイン）…… 150ml
塩 …… 3つまみ
ブーケガルニ※1 …… 1個
　ローズマリー（またはタイム）
　　…… 1枝（5〜6cm）
　ローリエ …… 2枚
　オレンジの皮 …… 少々

【つけ合わせ】
じゃがいも …… 4個

※1 お茶パックに入れておく
※写真は2人分

・作り方・

1　にんにく、パセリはみじん切りにし、オリーブオイル小さじ1と一緒に混ぜる。ベーコンは長さ4cm程度に切る。トマトソース用の玉ねぎは粗いみじん切りにする。

2　牛もも肉が小さい場合は重ねて、広げた肉の中央に**1**のにんにくとパセリ、ベーコンをのせ、塩、こしょうをふる（**a**）。

3　折りたたむように巻く（**b**）。ゆるまないよう、ぎゅっと締めながら巻く。最後にタコ糸（約30cm）で十文字に結ぶ（**c**）。結び目は二重にしておくと安心。タコ糸がない場合はつまようじでとめてもOK。

4　鍋にオリーブオイル大さじ1を入れてあたため、**3**の肉の表面を強火で焼く。すべての面をこんがり焼いたらとり出す（焼き時間の合計は3分程度）。

5　トマトソースを作る。**4**の鍋にオリーブオイル大さじ1を加えてあたため（オイルが十分残っていれば足さなくてもいい）、玉ねぎを入れて弱火でゆっくり甘みを引き出しながら炒める。焦げそうになったら水（分量外）を少し入れる。

6　弱火のままワインを加え、トマト水煮缶（ホールトマトの場合はつぶす）、ブーケガルニ、塩を入れて混ぜ、肉を入れる（**d**）。肉が完全に浸るようにしたいので、鍋が大きくて肉が見えてしまう場合はトマト水煮缶（分量外）を足す。ふたをして弱火で45分、その後ふたをとって45分煮込む。

7　肉を煮込んでいる間に、じゃがいもをブラシでよく洗い、皮つきのままゆでるか蒸しておく。竹串で刺してなかまですっと通ったら湯を捨て、熱いうちに皮をむく。

8　皿に**6**と**7**を盛りつけ、パセリを散らす。食べる前にタコ糸をとる。

David mémo

この料理は高級な肉を使わず特価品でOK。わが家ではじゃがいも以外にショートパスタや白米もよく合わせるよ。ソースがあまったら、パスタ用に冷凍保存するのが◎。

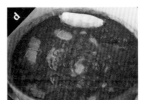

プチファルシー

Petits farcis

野菜をくりぬいて肉を詰める、
プロヴァンスの子どもたちも大好きな家庭料理。

David mémo

野菜がくずれるくらいしっかり焼
くのが好きな人もいるから、自分
好みの焼き加減を見つけよう。ファ
ルスがあまったら、翌日ハンバー
グのように焼いて食べてね。

・材料（2人分）・

トマト …… 中4個
豚ひき肉 …… 250g
玉ねぎ …… 小½個（65g）
にんにく …… 2かけ（10g）
卵 …… 1個
牛乳 …… 大さじ4
パン粉 …… 大さじ4
塩 …… 適量
こしょう …… 少々
エルブ・ド・プロヴァンス（P.010）…… 2つまみ
プロヴァンス風トマトソース（好みで）…… 適宜

・作り方・

1 玉ねぎ、にんにくはみじん切りにし、ボウルに入れてひき肉を加え、フォークで混ぜあわせる。塩、こしょう、エルブ・ド・プロヴァンスを加えて、さらに混ぜる。

2 卵を軽くかき混ぜ加えて混ぜ、パン粉を加えてさらに混ぜ、最後に牛乳を加えて混ぜる（ファルスが完成）。

3 トマトの下の皮の部分をほんの少しカットする（安定させるため）。トマトの上部（シャポーという）もカットし（ヘタはついたままでもOK）、種やゼリー部分を中心に、中身をスプーンでくりぬく（捨てずにトマトソースなどに利用）。皮をやぶらないように注意。

4 オーブンを180℃に予熱する。

5 3のトマトに2のファルスをスプーンで詰める。少しずつ、ぎゅっと詰めて、山盛りに（a）。シャポーを飾りにのせ、手のひらで包み込むようにして形を整え、はみ出した肉をきれいに整える。

6 クッキングシートを敷いた天板に並べ、15〜20分焼く。トマトの皮にシワがよってきたら、なかも焼けた合図。

7 オーブンからとり出し皿に並べ、好みでプロヴァンス風トマトソースを添える。

➡ プロヴァンス風トマトソース使用レシピ：バプトン（P.076）

Sauce tomate provençale

Sauce leçon 05

プロヴァンス風トマトソース

パプリカを隠し味に、
にんにくとハーブをきかせて。

・材料（500g分）・

トマト …… 3½個（500g）
トマト水煮缶 …… 500g
玉ねぎ …… 小1個（130g）
赤パプリカ …… ⅔個（100g）
オリーブオイル …… 小さじ4
にんにく …… 2かけ（10g）
白ワイン …… 100mℓ
ブーケガルニ※ …… 1個
  ┌ ローズマリー（またはタイム）
  │   …… 1枝（5〜6cm）
  └ ローリエ …… 2枚
塩 …… 小さじ1
こしょう …… 少々
エルブ・ド・プロヴァンス …… 小さじ½

※お茶パックに入れておく

・作り方・

1 玉ねぎ、にんにくはみじん切りにする。トマトは縦4つに切って種の部分をとりのぞき、さいの目切りにする。赤パプリカは種とヘタをとり、さいの目切りにする。

2 鍋にオリーブオイルとにんにくを入れてあたため、玉ねぎを入れる。弱火でゆっくりかき混ぜながら炒める。途中から白ワインを少しずつ入れ、玉ねぎが透明になるまで約5分炒める（茶色にならないよう注意）。

3 トマトとトマト水煮缶、赤パプリカを加え、沸騰するまで2〜3分強火で煮詰める。

4 沸騰したら、ブーケガルニ、エルブ・ド・プロヴァンス、塩、こしょうを加え、弱火でときどきかき混ぜながら、ふたをして30分、その後ふたをとって30分煮込む。

ポトフ

Pot-au-feu

大昔からフランスで作られてきた伝統的な肉料理。
ブイヨンで煮込んだ牛肉を野菜と一緒に。

・材料（4人分）・

牛ほほ肉 …… 1kg
玉ねぎ …… 大1個（300g）
にんにく …… 2かけ（10g）
野菜ブイヨン（顆粒）[※1] …… 小さじ4
オリーブオイル …… 大さじ1
水 …… 適量
塩 …… 小さじ1
ブーケガルニ[※2] …… 1個
　├ ローズマリー …… 1枝（5〜6㎝）
　├ ローリエ …… 2枚
　└ クローブ …… 2個
長ねぎ …… 5㎝
　（バラバラにならないよう
　ヒモでしばる）

A にんじん …… 小4本
　├ 長ねぎ（太いもの） …… 1本
　├ じゃがいも …… 4個
　└ かぶ（または大根） …… 2個

マスタード（好みで） …… 適宜
塩（フルール・ド・セル
　　またはグロ・セル）（好みで）
　　…… 適宜

※1 入れる水の量と、パッケージに記載されている
使用量に合わせて加減を
※2 お茶パックに入れておく
※写真は2人分

・下準備・

● 肉は2〜4等分にカットしておく。大きな鍋があれば塊肉のままでもOK。

・作り方・

1 にんにくと玉ねぎは薄切りにする。

2 鍋にオリーブオイルを入れてあたため、玉ねぎを入れ、弱火でゆっくり炒める（茶色にならないよう注意）。

3 **2**の鍋のなかに肉を入れ、強火にして全面を焼く（**a**）。玉ねぎが焦げないように混ぜながら焼く。

4 肉がかぶるまで水を入れ、ブーケガルニ、長ねぎ、にんにく、塩を入れる。肉が完全にスープに浸ることが重要（空気に触れるとそこだけ黒くかたくなってしまう）。

5 **4**の鍋の湯があたたまったら野菜ブイヨンを入れ、かき混ぜて溶かす。沸騰したら弱火にしてふたをする。

6 あくが出たらとり、弱火でふたをしたまま1時間30分〜2時間煮る。包丁で肉を刺してやわらかくなっていれば火からおろし、ブーケガルニ、長ねぎ、にんにくをとりのぞく（かたければもう少し煮込む）。

7 食べる30分くらい前に野菜を入れる。まずは鍋を火にかける前に、上に浮いた脂があればとりのぞく。鍋をあたため、**A**の野菜を大きめに切って入れる（**b**）。長ねぎは太めのものを選び、くずれないようにつまようじを刺して入れる。

8 野菜に火が通ったら、肉をとり出し、適当な大きさに切り、野菜とともに皿に入れてブイヨンスープをまわし入れる。好みでマスタードと塩を添えてテーブルへ（フランスでは大皿に盛りつけて、テーブルでとり分けることも多い）。

David mémo

6までを前日に作っておくと、味が染みて肉もスープもさらにおいしくなるよ。2回に分けて食べるときは、その都度野菜を入れましょう。牛スネ肉や牛バラ肉でも作れるけど、牛バラは脂っぽいから余分な脂身をとりのぞき、たっぷりの熱湯を鍋に入れて10分ゆでて脂を落としておいたほうがいいね。

鶏レバーのホットサラダ
Salade de foies de volailles

ダヴィッドの両親はリヨン出身なので
リヨン風サラダも我が家の定番です。

・**材料**（2人分）・

鶏レバー …… 200g
玉ねぎ …… 小½個（65g）
トマト …… 小⅙個（20g）
ベーコン …… 50g
レタス …… 適量
無塩バター …… 30g
オイル
　（オリーブオイル
　　または植物オイル）
　　…… 大さじ1
ブランデー …… 大さじ1
バゲット …… 2切れ
塩 …… 2つまみ

David mémo
鶏レバーは鮮度が決め手。ふっくらした艶のいいものを選んで。火を通さなければならないけど、焼きすぎるとパサつくので焼き加減に注意を！

・**下準備**・

● 鶏レバーの白い部分や血管、血の塊などをとり（**a**）、ひと口大に切る。新鮮なものならそのままでくさみはないが、気になる場合は氷水を張ったボウルにレバーを入れて5分ほど洗い、水気を拭きとる。

・**作り方**・

1 玉ねぎは粗いみじん切りにし、トマトは1.5cmの角切りにする。レタスはひと口大に切り皿に敷く。ベーコンは細切りに、バゲットはひと口大に切る。

2 フライパンにバターとオイルを入れてあたため、ベーコンと玉ねぎを入れて中火で約3分ゆっくり炒める。

3 レバーと塩を加える。かき混ぜたりせずに、両面を2分ずつ焼く（**b**）。包丁で切ってみて火が通っているか確認する。

4 バゲットを入れてざっくりかき混ぜ、ブランデーを入れる（**c**）。フライパンを動かしながら、火をブランデーに移してフランベし、アルコール分を一気にとばす。

5 最後にトマトを入れ、30秒火を入れたらでき上がり。レタスの上にのせる。

豚ひき肉とじゃがいもの パルマンティエ

Hachis parmentier

ふわふわのじゃがいもとひき肉のオーブン料理。
心あたたまるフランスの家庭料理です。

・ 材料 (2人分) ・

＊26×18×5cmの耐熱容器を使用

じゃがいも …… 大2個(400g)

玉ねぎ …… 小½個(65g)

豚ひき肉 …… 150g

無塩バター …… 55g

卵 …… 2個

牛乳 …… 220㎖

小麦粉(薄力粉) …… 大さじ1½

とろけるチーズ …… 大さじ2

塩 …… 小さじ1弱＋2つまみ

こしょう …… 少々

ナツメグ(好みで) …… 適宜

・ 作り方 ・

1 じゃがいもをブラシで洗い、皮ごと鍋に入れ、かぶるくらいの水を注いでゆでる。竹串で刺してなかまですっと通ったらOK。湯を捨て、熱いうちにじゃがいもの皮をむき、裏漉し器やざるで裏漉しする(またはマッシャーでしっかりつぶす)。鍋に戻して中火で2分、かき混ぜながら水分をとばし、火からおろす。

2 バター40gを入れ、素早く木ベラで混ぜあわせ、牛乳100㎖を入れ混ぜ、泡立て器で攪拌した溶き卵と塩小さじ1弱、こしょうを加えて混ぜる。

3 別の鍋かフライパンにバター15gを入れて弱火で溶かし、みじん切りにした玉ねぎを入れ、弱火のまま2分炒める。小麦粉を加え、ゴムベラでよく混ぜる。

4 3の火を弱めの中火にし、牛乳120㎖を少しずつ加え、しっかりかき混ぜてのばす。ベシャメルソースの状態に仕上がったら、塩2つまみ、こしょう、好みでナツメグ少々を加えて混ぜる。

5 4にひき肉を入れ、弱火で手際よく1分ほど混ぜあわせて火を止める(肉は半生状態)。

6 オーブンを180℃に予熱する。

7 耐熱容器に5を入れ、その上に2のじゃがいもを重ね(a)、表面を平らにしたらチーズを上にかける。

8 オーブンに入れて20分焼く。こんがり焼き目がつけばOK。焼き目が薄ければもう少し焼く。

"不死の木" オリーブの恵み

オリーブの木は、地中海沿岸が原産。フランスではプロヴァンス地方が主産地です。本書のレシピでもオリーブオイルがよく登場しますが、昔からこの地域の料理と切っても切れない関係です。

みんなそれぞれにこだわりがあり、ワインのようにオリーブオイルにもオリーブの品種の好みがあったりします。料理によって、熟す前の緑の実から作られたフレッシュな「フイテ・ヴェール」、黒く熟してから作られた濃厚な「ノワール」を使い分けるのは特別マニアックなことではありません。

ところが南仏でも、スーパーのオリーブオイルの棚にはスペイン産やイタリア産のオイルばかりで、地元産のものはあまり見当たりません。とり扱っているのはオーガニックスーパーや小さな商店、マルシェなど。というのもオリーブオイルの生産量は圧倒的にスペインが多く、フランスはイタリア、ギリシャ、トルコ、モロッコなどの地中海エリアの国々どころか、アメリカや

オーストラリアなど新世界の生産量にも及ばないほどの少量生産なのです。小さな生産者が昔ながらの伝統を守りながら、品質の高いオイルを作っているというのが実情。1889年に画家ゴッホがサンレミ・ド・プロヴァンスでオリーブの収穫の絵を描いていますが、収穫風景はその頃とあまり変わっていない気がします。

ところでオリーブオイルには、いくつかのカテゴリーがあります。大きく分けるとふたつ。ひとつめは果汁を遠心分離機などで搾ったままの「エキストラ・バージン」や「バージン」、ふたつめはオリーブオイルを工場で精製した「精製オリーブオイル」。それ以外に、精製オリーブオイルにバージンオイルを混ぜた「オリーブオイル」（日本ではピュア・オリーブオイル）。はたまた、精製オリーブオイルの搾りかすを使ったものなども。呼び名も含めてかなりややこしいし、国際オリーブ協会に加盟していない日本には独自の規格があるのでさらにややこしい。

購入する際にラベル表示を見て、どんな種類のオリーブオイルなのかをまず知ることからはじめてみませんか？ オリーブの木は「永遠」「不死」の木といわれます。上部が枯れても根は死なず、1000年、2000年と生き続けます。せっかくなら、その並外れた自然の恵みをおいしくいただき、かつ健康に役立てられたらいいですね。

オリーブ畑が広がるレ・ボー・ド・プロヴァンス。

※本書では、生食の場合には搾ったままのオイルを使って香りを楽しんでほしいので「エキストラ・バージン・オリーブオイル」と記載しました。「バージン・オリーブオイル」でもかまいません。熱を入れるときは精製オリーブオイルでもOK。上手に使い分けましょう

Chapitre

4

日常の癒しごはん

野菜料理とスープ

ヘルシーでバラエティ豊かな
野菜が主役のおすすめ料理。
前菜、つけ合わせ、軽食、メインに。

・・・

Cuisine provençale
comme à la maison

夏野菜のティアン
Tian de légumes
オーブンで重ねて焼くだけだから、
ラタトゥイユより手間いらず！

・**材料**（2〜3人分）・

＊14×14×5cmの耐熱容器を使用

なす …… 1本(150g)

トマト …… 1個(140g)

ズッキーニ …… 小1本(150g)

にんにく …… 2かけ(10g)

オリーブオイル …… 大さじ2

白ワイン …… 大さじ2

パン粉 …… 適量

ローズマリー（またはタイム）
　（あれば）…… 1枝(5〜6cm)

エルブ・ド・プロヴァンス（P.010）
　…… 少々

塩、こしょう …… 各適量

・**下準備**・

● オーブンを180℃に予熱する。

・**作り方**・

1 にんにくはみじん切りに、なす、トマト、ズッキーニは2〜3mm厚さの輪切りにする（**a**）。

2 耐熱容器になす、トマト、ズッキーニを1枚ずつ順に並べていき、その間ににんにく、エルブ・ド・プロヴァンスを挟み、塩、こしょうを間にふりかける（**b**）。

3 オリーブオイルと白ワインを全体にまんべんなくかける。

4 上にパン粉を軽くふりかけ、あればローズマリーをのせる（**c**）。

5 上部が焦げないようにアルミホイルをかぶせて、オーブンに入れ40〜45分焼く。

David mémo

時間がないときや人が集まるときにさっと作れて便利な、プロヴァンスの夏野菜料理。見た目もカラフルで元気が出る！

ラタトゥイユ
Ratatouille

ラタトゥイユは時間差で野菜を投入して、
弱火で火を通していくのがポイント。

・ **材料**（4人分）・

なす …… 1本（150g）

玉ねぎ …… 小1個（130g）

ズッキーニ …… 1本（250g）

トマト …… 小2個（200g）

パプリカ …… 大½個（80g）

にんにく（皮つきのまま）…… 4かけ ※

オリーブオイル …… 大さじ1

白ワイン …… 大さじ4

塩 …… 2つまみ

こしょう …… 適量

エルブ・ド・プロヴァンス（P.010）
…… 2つまみ

※にんにくが好きな人はたくさん入れてOK

David mémo

野菜の食感が少し残るくらいが
ベスト。熱いのもおいしいけど、
翌日冷たいのを食べるほうが好
きな人も多いね。

・ **作り方** ・

1 なす、ズッキーニ、トマトは1cm角程度に、玉ねぎは薄切りに、パプリ
カは種とヘタをとりのぞき、縦1cm幅程度に切る（**a**）。

2 鍋かフライパンにオリーブオイルを入れてあたため、玉ねぎを入れて弱
火でゆっくり3〜4分炒めて甘みを引き出す。

3 皮つきのままのにんにくとなすを入れて、弱火のまま1分炒める。ふた
をして焦げないように鍋またはフライパンを動かし、1分ほどでなすが
しっかりオリーブオイルを吸い込んだら、白ワイン大さじ1を入れてま
たふたをする。

4 5分したらズッキーニと白ワイン大さじ2を入れてかき混ぜ、ふたをし
て5分煮る。

5 包丁の先でズッキーニを刺して、少しやわらかくなっていれば、トマト、
パプリカ、エルブ・ド・プロヴァンス、塩、こしょうを入れてかき混ぜ、
白ワイン大さじ1を入れふたをして15分煮る。

6 火の通りをみて、やわらかさが足りない場合、あと5分煮込む。最後に
必要であれば塩（分量外）、こしょうで味をととのえる。

→ アレンジレシピ：ラタトゥイユのキッシュ（P.072）

ラタトゥイユのキッシュ

Quiche à la ratatouille

ラタトゥイユをたっぷり作ったら、翌日は
キッシュを作ろう。自家製生地にもトライ！

・材料（4人分）・

＊直径20cmの型を使用

【パート・ブリゼ（生地）】

小麦粉（メルベイユなどの準強力粉、
　　または中力粉）…… 200g

塩 …… 小さじ½

無塩バター …… 100g

水 …… 35mℓ

溶き卵 …… 30g

ラタトゥイユ（P.071）…… 200g

生クリーム（乳脂肪分35％程度）
　　…… 100mℓ

卵 …… 3個

塩、こしょう …… 各適量

・作り方・

1 生地を作る。ボウルに小麦粉と塩を入れ、手で混ぜる。

2 冷蔵庫から出したばかりの冷たいバターを小さく切り、**1**のボウルに入れ、指でつぶすように混ぜあわせる。

3 ポロポロになったら（**a**）、溶き卵に水を入れて混ぜたものを小麦粉に少しずつ加えて混ぜあわせる。

4 生地をまとめてボール状にし、ラップでしっかり包んで（**b**）、冷蔵庫で1時間30分ねかせる。

5 生地を冷蔵庫から出し、少しやわらかくなるのを待ち（10分ほど）、麺棒で均等に、型よりひとまわり大きな円形サイズにのばす（必要に応じて打ち粉をふる）。型にバター（分量外）をぬり、生地をきっちり型に入れ、すぐに冷蔵庫へ入れ30分冷やす。

6 オーブンを170℃に予熱する。

7 冷蔵庫から出し、麺棒を転がして余分な生地をカットする（**c**）。

8 生地が冷たいうちにオーブンに入れ、生地だけ10分空焼きする。

9 生地を焼いている間に、ラタトゥイユをフライパンか小鍋に入れて強火でかき混ぜ、水分をとばす。

10 ボウルに卵を割り入れ、泡立て器でかき混ぜ、生クリームを入れさらにかき混ぜ、塩、こしょうをしてしっかりかき混ぜる（塩やこしょうが底にかたまらないように）。

11 **8**の生地が焼き上がったら粗熱をとり、**10**を流し込み、**9**のラタトゥイユをまんべんなく加えたら（**d**）、オーブンに入れ180℃で20〜25分焼く。

David mémo

時間がないときは市販のパイ生地でも作れるよ（生地にフォークで穴をあけ、空焼きは不要）。あまったパート・ブリゼは丸めて麺棒でのばし型抜きして、とろけるチーズと塩、こしょうをかけてクッキー・サレにすると即席おつまみに。180℃で10〜15分焼くだけ！

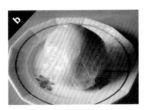
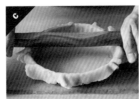

パート・ブリゼ使用可能レシピ：ピサラディエール（P.082）、トマトのタルト（P.083）

ニース風サラダ

Salade Niçoise

本場では じゃがいももいんげんも入れない?!
コート・ダ・ジュールの有名サラダ。

David mémo

本場のニース風サラダには紫で小粒のニース
のオリーブを使うんだけど、日本では手に入
らないので黒や緑のオリーブを使いましょう。

・材料（2人分）・

レタス …… 適量
トマト …… 大1個
アンチョビ …… 4枚
卵 …… 2個
ツナ水煮缶 …… 70g
ラディッシュ …… 6個
オリーブ …… 8個
セロリの茎 …… 40g
バジル …… 4枚
オリーブオイル（エキストラ・バージン）
　　またはビネグレット・クラシック
　　（フレンチドレッシング）
　　…… 適量
塩（好みで）…… 適宜

・作り方・

1　かたゆで卵を作る。鍋に卵がかぶるくらいの水を入れ、沸騰させる。沸騰したら火を弱めて卵を静かに入れ、12分ゆでる。

2　湯を捨て、流水を入れ、水を流しながら殻をむく。

3　卵を縦6等分に切る。

4　野菜を食べやすい大きさに切る。

5　レタスを皿に敷き、トマト、バジル、セロリ、ラディッシュ、ツナ、オリーブ、アンチョビ、卵をバランスよくのせる。

6　好みで塩をふりかけ、オリーブオイルまたはドレッシングを添える。

Vinaigrette classique

Sauce leçon 06

ビネグレット・クラシック

フランスの定番ドレッシングといえば、これ！

・材料（2人分）・

赤ワインビネガー …… 小さじ2
植物オイル
　　（菜種オイル、ヒマワリオイルなど
　　癖のないもの）…… 大さじ4
マスタード …… 小さじ2
塩、こしょう …… 各適量

・作り方・

1　ボウルに赤ワインビネガーとマスタードを入れ、泡立て器でざっとかき混ぜる。塩、こしょうを加えて、かき混ぜる。

2　少しずつオイルをたらしながら、泡立て器で休まずかき混ぜる。

3　器を揺らすとプルルンとプリンのような状態になったらでき上がり。食べる直前まで冷蔵庫で冷やす。

(**Le petit plus** ／ ちょっとアレンジ！)

Pan bagnat

パン・バーニャ

同じ材料で、翌日は
ニース風サンドイッチ！

・材料（2人分）・

ニース風サラダと同じ材料 …… 適量
バゲット※ …… 適量
トマト …… 小¼個
オリーブオイル（エキストラ・バージン）…… 大さじ1〜2
にんにく（好みで）…… 適宜

※写真は南仏のパン・バーニャ用のパンを使用。
バゲットのほか、バーガー用のバンズで代用を

・作り方・

1　バゲットを横にカット。ただし片側はつなげておく。

2　パンの内側の両面にトマトをすりつけてパンをしっとりさせ、好みでにんにくも一緒にすりつけ、オリーブオイルを両面に染み込ませる。

3　パンの間にニース風サラダの材料を挟み（オリーブは種をとる）、軽くオリーブオイルと好みで塩（分量外）をふりかける。

● ビネグレット・クラシック使用レシピ：レンズ豆のサラダ（P.077）

なすのスフレ "パプトン"

Papeton

なすのキャビアールのアレンジレシピ。
ふわふわ食感のアヴィニョン料理です。

・ **材料**（2人分）・

＊高さ4cm×直径8cmの
　マフィン型を2つ使用

なすのキャビアール（P.024）
　　　…… 200g

卵 …… 2個（115g）

塩、こしょう …… 各適量

植物オイル
　（菜種オイル、ヒマワリオイルなど）
　　　…… 適量

プロヴァンス風トマトソース（P.063）
　　　…… 適量

・ **下準備** ・

● オーブンを180℃に予熱する。

・ **作り方** ・

1 ボウルに卵を割り入れ、泡立て器でかき混ぜる。塩、こしょうを加えてさらにかき混ぜる。

2 なすのキャビアールを入れ、大きめのスプーンでざっくり混ぜあわせる。

3 型の内側にハケでオイルをぬる。

4 型に**2**を8分目まで流し込む。

5 オーブンに入れ、20分焼く。竹串で刺して生地がベタついてこなければでき上がり。

6 粗熱をとり、皿の上にのせ、トマトソースとあればイタリアンパセリをカットして添える。

David mémo

お菓子のスフレのようにふわっとした軽い前菜だよ。子羊、豚、鶏、白身魚のつけ合わせにしても最高。

レンズ豆のサラダ

Salade de lentilles

鉄分やビタミン豊富な「スーパーフード」
レンズ豆をサラダ仕立てで。

・ 材料 (2人分) ・

乾燥レンズ豆(グリーン) …… 100g
ブーケガルニ※ …… 1個
　┌ ローズマリー（またはタイム）
　│ 　…… 1枝(5〜6cm)
　└ ローリエ …… 2枚
にんじん …… 小½本(50g)
セロリ …… 40g
玉ねぎ(またはエシャロット) …… 50g
ビネグレット・クラシック(P.075)
　…… 大さじ3〜4
塩 …… 小さじ1
黒こしょう …… 少々

※お茶パックに入れておく。
ローズマリーとタイムは両方入れてもOK

David mémo

レンズ豆は下ゆでしないとガスが
お腹に溜まってしまうので、ひと
手間かかるけど下ゆでを。

・ 下準備 ・

レンズ豆をゆでる。

1 レンズ豆をざるに入れ、よく水洗いする。

2 下ゆでする。鍋に500㎖の水を注ぎ、レンズ豆を入れ弱火にかける。沸騰したら2分で湯を捨て、ざるにあげ、流水でやさしく洗う。

3 本ゆでする。鍋に500㎖の水を注ぎ、ブーケガルニとレンズ豆を入れ中火にかける。ときどきやさしくかき混ぜ、沸騰したら弱火にし、20〜25分で一度食べてみて、やわらかくなっていたら火からおろす。少し食感が残るくらいがいい。

4 ブーケガルニをとり出し、レンズ豆をざるにあげ、冷水に浸して熱をとる。冷めたらざるにあげ、水気をしっかりきる。

・ 作り方 ・

1 にんじんとセロリは小さな角切りに、玉ねぎはみじん切りにする(辛みをとりたい場合は水にさらす)。

2 ボウルにレンズ豆、1の野菜、塩、ビネグレット半量を入れ、大きめのスプーンで下からすくい上げるようにかき混ぜる。残りのビネグレットを少しずつ入れ、黒こしょうと、必要であれば塩(分量外)で味をととのえる。あればイタリアンパセリを添える。

アスパラガス
スチーム＆ポワレ

Asperges à la vapeur & poêlées

蒸すと焼くではこんなに味わいが違うという発見。
2種のソースを添えて食べくらべ！

写真右上からオリーブオイル、
マヨネーズ、ムスリンソース。

・材料（2人分）・

アスパラガス
　（グリーンまたはホワイトアスパラガス）
　…… 8本※
オリーブオイル …… 大さじ1
塩 …… 適量
こしょう …… 少々
マヨネーズ、ムスリンソース …… 各適量

※アスパラガスは、スチームとポワレで4本ずつ使用

・作り方・

【スチーム】

1 アスパラガス4本の根元3cmを切り落とし、下半分のかたい部分の皮をピーラーでむく。

2 1を蒸し器で蒸す（蒸し器がない場合はP.013参照）。グリーンアスパラガスなら4〜5分、太いホワイトアスパラガスなら10分が目安。包丁の先で根元を刺してみてすっと入ればでき上がり。

【ポワレ】

1 アスパラガス4本の根元3cmを切り落とし、普通の太さのグリーンアスパラガスなら皮をむかず、下半分を包丁で軽くこそぐ。太いホワイトアスパラガスの場合は皮をすべてピーラーでむき、縦半分に切る。

2 フライパンにオリーブオイルを入れてあたため、1を入れて中火で両面を各3分焼き、塩、こしょうをふる。

【スチーム＆ポワレ】

3 マヨネーズ、ムスリンソース、好みでオリーブオイル（分量外）を添える。

David mémo

アスパラガスはゆでるより、蒸すかポワレにしたほうが味も香りも濃くておいしいと思うよ。

Sauce Mousseline

Sauce
leçon
07

ムスリンソース

ムスリンソースの途中でマヨネーズもできちゃう
一度でふたつのソースを作れるレシピ。

・材料（作りやすい量）・

オリーブオイル※ …… 大さじ4
植物オイル（菜種オイル、ヒマワリオイルなど）
　…… 大さじ4
マスタード …… 小さじ1
卵 …… 1個
塩 …… 適量

※オリーブオイルを入れずに、植物オイル（大さじ8）だけで作るとマイルドな味わいに

・下準備・

● マスタードと卵は、作る20分前に冷蔵庫から出して常温にもどしておく。

・作り方・

1 卵を割り、卵黄と卵白を別々のボウルに入れる。卵白が入ったボウルは冷蔵庫に入れておく。

2 卵黄が入ったボウルにマスタードを入れ、泡立て器で軽く混ぜる。

3 2にオイルを小さじ½くらいずつ入れながら、力強くかき混ぜ続ける。だんだんかたまってきて、逆さまにしてもたれないくらいになったらマヨネーズの完成。冷蔵庫で冷やす。

4 1の卵白が入ったボウルを冷蔵庫からとり出し、塩を入れ、泡立て器で泡立てる。

5 4のボウルと冷蔵庫から出したマヨネーズから、器に大さじ1ずつ入れ（**b**）、よくかき混ぜる。味をみて塩を足す。食べる直前まで冷蔵庫へ。

アイオリ

Aïoli

温野菜＋魚介＋卵をにんにくのきいた
ソースで食べるプロヴァンスの伝統料理。

David mémo

アツアツで食べる料理ではなく、
ぬるい状態で食べる料理だよ。
材料が熱いとアイオリソースが
溶けちゃうからね。

・材料（2人分）・

たらの切り身
　　…… 2切れ（200g）
有頭えび …… 4尾
卵 …… 1個
じゃがいも …… 小4個
ズッキーニ …… 1本
にんじん …… 小2本
いんげん …… 60g
カリフラワー
　（またはブロッコリー）
　　…… 150g
塩、こしょう …… 各適量
アイオリソース …… 適量

・作り方・

1　じゃがいもは皮をむく。ズッキーニは2cm幅の輪切りに、にんじんは長さ5cmほど、カリフラワーは小房に分ける。いんげんは尻尾をとり小鍋で10〜15分塩ゆでにする。

2　かたゆで卵を作る。鍋に卵がかぶるくらいの水を入れ火にかけて沸騰させ、火を弱めて卵を静かに入れ、12分ゆでる。

3　湯を捨て流水を入れ、水を流しながら殻をむく。縦半分に切る。

4　えびを水洗いし、頭の殻と背の殻の間に竹串を刺して背わたをとる。

5　沸騰した湯に塩をひとつまみ入れ、えびを入れてさっとゆでる。

6　蒸し器で野菜を蒸す（蒸し器がない場合はP.013参照）。にんじん、じゃがいもをまず入れて、10分したらズッキーニとカリフラワーを入れ（**a**）、10分後に竹串で刺して確認し、すっと通れば火からおろす。

7　たらを水洗いし、水分をキッチンペーパーで軽くおさえ、塩、こしょうをふり、野菜を蒸した残り湯で蒸す。切り身の厚さによって、薄いものは5分、厚いものは10分を目安に。

8　すべての材料が冷めたら（冷蔵庫で冷やす必要はない）、アイオリソースを添えて皿に盛る。

Sauce Aïoli

アイオリソース

Sauce leçon 08

古代から愛され続ける、ソウルフード的伝統ソース。

・材料（作りやすい量）・

オリーブオイル（エキストラ・バージン）
　　…… 大さじ5
植物オイル（菜種オイル、
　ヒマワリオイルなど）…… 大さじ5
卵黄 …… 1個分
にんにく …… 3かけ（15g）
塩 …… 適量

・作り方・

1　にんにくをすりおろす。またはにんにくプレスでつぶす。

2　ボウルに卵黄と**1**を入れ、オイルを最初は数滴ずつ加えながら手を止めずに泡立て器で撹拌する。もったりしてきたら（**b**）、最後に塩を入れて撹拌し、冷蔵庫で冷やす。

玉ねぎとアンチョビの "ピサラディエール"

Pissaladière

伝統的にはパン生地ですが
市販の生地で手軽に作ってみよう。

・**材料**（4人分）・

冷凍パイ生地（またはピザ生地）
（直径30cm前後） 1枚 [1]

【オニオンカラメリゼ】 [2]

玉ねぎ …… 1kg

オリーブオイル …… 大さじ1

白ワイン …… 250㎖

水 …… 100㎖

蜂蜜 …… 大さじ2

塩 …… 小さじ1

こしょう …… 少々

アンチョビ …… 6枚 [3]

黒オリーブ …… 6個 [3]

エルブ・ド・プロヴァンス（P.010）
　　…… 少々

※1 写真はパイ生地を使用。小さなサイズの
生地で、複数に分けて作ってもOK

※2 水は白ワインと一緒に入れる。
蒸らし炒めは約1時間

※3 生地を切り分ける数に合わせる

・**下準備**・

● 冷凍生地は、冷蔵庫で解凍しておく。

・**作り方**・

1 オニオンカラメリゼを作る（P.023）。

2 オーブンを生地のパッケージに書かれている温度に合わせて予熱する。

3 生地を冷蔵庫から出し、クッキングシートの上におく。パイ生地の場合、膨れないようにフォークで穴をあける。

4 生地の縁を少し残して、オニオンカラメリゼをまんべんなくのせる。パイ生地の場合、縁を丸めて土手を作る（**a**）。

5 アンチョビとオリーブを均等にのせる（**b**）。

6 クッキングシートごと天板にのせてオーブンで焼く。焼き時間は生地のタイプによって違うので、パッケージに書いてある時間に合わせる。

7 オーブンから出し、エルブ・ド・プロヴァンスをふりかける。

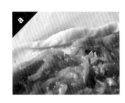
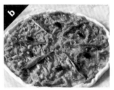

トマトのタルト
Tarte à la tomate

酸味がさわやかな軽食タルト。サラダと
合わせれば休日のブランチにぴったり！

・**材料**（4人分）・

冷凍パイ生地
（直径30cm前後）1枚※

トマト …… 小5個（500g）
アンショワイアードソース（P.031）
　（またはタプナード P.024）
　（あれば）
　　…… 大さじ3
オリーブオイル …… 適量
塩 …… 適量
エルブ・ド・プロヴァンス（P.010）
　　…… 少々

※小さなサイズの生地で、複数に分けて作
ってもOK

・**下準備**・

● 冷凍生地は、冷蔵庫で解凍しておく。

・**作り方**・

1 オーブンを生地のパッケージに書かれている温度に合わせて予熱する。

2 冷蔵庫から生地を出し、クッキングシートの上におく。膨れないように
フォークで穴をあける。

3 生地の上に、あればアンショワイアードソースをのばす（**a**）。

4 トマトを3mm幅の輪切りにして生地の上にのせ、縁を丸めて土手を作る。

5 クッキングシートごと天板にのせてオーブンで焼く。焼き時間は生地の
タイプによって違うので、パッケージに書いてある時間に合わせる。

6 少し冷ましてから、ハケでオリーブオイルを軽くぬり（**b**）、塩とエルブ・
ド・プロヴァンスをふりかける（アンショワイアードソースを使用する
場合、塩は控えめに）。

David mémo

ピサラディエール（P.082）もトマトのタルトも、生地はパー
ト・ブリゼ（P.073）でもOK。その場合は生地をのばして
土手を作り、クッキングシートにおいて天板にのせ、180
℃で5〜8分空焼きし、その後具材をのせて20分焼いて。

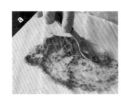
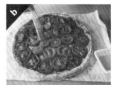

チコリとハムのグラタン

Gratin d'endives au jambon

ほろ苦いチコリとクリーミーなベシャメルソースの
マリアージュ。フランス家庭料理の大傑作！

David mémo

ハムが薄すぎると存在感がなくなっ
てしまうので、できれば厚くておい
しいものが手に入るといいね。

・材料（2人分）・

チコリ …… 大2個（250〜300g）

ベシャメルソース …… 適量※1

ハム …… 厚めの丸形6枚※2

パン粉 …… 適量

※1 器の大きさによって必要量は異なる。右記のソース
レシピの分量は、グラタンとクロックムッシュの両方を
作る際の目安となる量

※2 チコリを巻けるくらいの大きなハムが手に入れば、
1枚で作るのがベスト（2人分で2枚）

・作り方・

1 チコリの芯は苦みがあるので、包丁の
先でくり抜く。

2 チコリを蒸し器で15分ほど蒸す（蒸し
器がない場合はP. 013 参照）。

3 竹串を刺して、まだ少しかたいくらい
でOK。水分をきり、さらに冷めてき
たら両手でやさしく絞る（強く握ると
中身が飛び出す場合があるので注意）。

4 ベシャメルソースを作る。

5 オーブンを180℃に予熱する。

6 ハムを3枚重ね、チコリを1個のせて
巻く（**a**）。もう1個のチコリも同じよ
うに巻く。2つとも耐熱皿に入れ（**b**）、
ベシャメルソースを上から流し込む。

7 パン粉をかけ、オーブンで20分焼く。
こんがり焼けたらでき上がり。

Sauce béchamel

ベシャメルソース

Sauce leçon 09

コツさえつかめば簡単なホワイトソース。

・材料（2人分）・

無塩バター …… 30g

小麦粉（薄力粉）
　…… 大さじ2½

牛乳 …… 400㎖

生クリーム
　（乳脂肪分35%程度）
　…… 100㎖

塩、こしょう …… 各適量

ナツメグ（好みで）…… 適宜

・作り方・

1 鍋にバターを入れ、弱火で溶かす。小麦粉を入れ、
泡立て器で混ぜ、生地状にする。

2 弱火のまま牛乳を少しずつ加え、泡立て器でのば
していく。液体化してきたら、入れる牛乳の量を
増やし、かき混ぜ続ける。

3 生クリーム、塩、こしょう、好みでナツメグを加
え、かき混ぜる。どろりとしたらOK。

(Le petit plus / ちょっとアレンジ！)

Croque monsieur

クロックムッシュ

ベシャメルソースとハムの残りで、アツアツのサンドイッチを。

・材料（2人分）・

食パン（薄切り）…… 4枚

ベシャメルソース
　（冷えたもの）…… 約150g

とろけるチーズ …… 60g

四角ハム …… 大きめ2枚

・作り方・

1 オーブンを200℃に予熱する。

2 食パン1枚にベシャメルソースをたっぷりのせ、のばす。

3 2にハム、ベシャメルソース、チーズ、食パン1枚の順で
重ね、その上にさらにベシャメルソース、チーズをのせ、
オーブンへ。

4 オーブンで10分焼く。なかまであたため、外はこんがり
グラティネにする。

にんにくとセージのスープ
"アイゴ・ブリード"

Aïgo boulido

食べすぎて胃が疲れたときにプロヴァンス人が
食べるデトックス的スープ。

・材料（2人分）・

にんにく …… 丸ごと1個

セージの葉 …… 10枚

ブーケガルニ※ …… 1個

- ローズマリー …… 1枝（5〜6cm）
- タイム …… 1枝（5〜6cm）
- ローリエ …… 2枚

オリーブオイル …… 小さじ6

（そのうち小さじ2は

エキストラ・バージン）

水 …… 1ℓ

卵 …… 2個

パン

（できればパン・ド・カンパーニュ）

…… 2切れ（厚さ2cm、幅7cm程度。

卵がのる大きさ）

塩、黒こしょう …… 各適量

チーズ（カチカチに熟成した

シェーブルまたはパルミジャーノ）

…… 適量

※お茶パックに入れる

・作り方・

1 にんにくはばらして皮をむく。1かけが大きい場合、後でつぶすときに大変なので半分に切る。

2 鍋に水を入れ、沸騰したらブーケガルニとにんにくを入れて弱火で10分ゆでる。

3 火を止め、ブーケガルニとにんにくをとり出し、にんにくを器に入れてフォークの背でつぶす（**a**）。

4 すぐに鍋につぶしたにんにくを戻し、セージの葉を入れ（**b**）、10分湯に浸して香りや成分を出す。

5 卵を卵黄と卵白に分け、卵白をボウルに入れてかき混ぜる（**c**）。

6 **4**のセージをとり出し、鍋を弱火にかけて沸騰したら**5**の卵白を流し込み、泡立て器で軽くかき混ぜ（**d**）、火を止める。

7 とり出したセージを適当な大きさに切る。

8 パン2切れの表と裏にオリーブオイルを小さじ1ずつかけ、軽く焼く。

9 スープ皿のなかに焼いたパンをそれぞれ入れ、その上に卵黄を生のままのせる。

10 **6**のスープをあたため、熱いスープをやさしく卵黄の上に注ぐ。**7**のセージ、塩、黒こしょう、エキストラ・バージン・オリーブオイルを各小さじ1、すりおろしたチーズをかける。

David mémo

プロヴァンスには「セージが庭にある家は医者知らず」ということわざがあるくらい、セージは体にいいとされているよ。このスープはハーブ（薬草）を煎じたブイヨンだからさっぱりしていて、胃腸が洗われるよう。

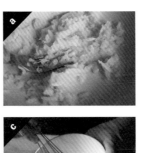

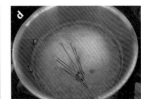

バジルといんげん豆のスープ
"ピストゥスープ"

Soupe au pistou

初秋を感じる風が吹きはじめると食べたくなる
プロヴァンスの夏の終わりの料理。

・材料（2人分）・

玉ねぎ …… 小1個弱(100g)

ズッキーニ …… 小1本弱(100g)

じゃがいも …… 1個(100g)

にんじん …… 小1本(100g)

いんげん …… 100g

トマト水煮缶 …… 100g

白いんげん豆(白花豆)水煮缶 …… 100g

赤いんげん豆

　　（レッドキドニーまたは金時豆）水煮缶

　　…… 100g

オリーブオイル …… 大さじ1

野菜ブイヨン（顆粒）…… 小さじ2 ※1

水 …… 800㎖

小さなショートパスタ ※2 …… 80g

ブーケガルニ ※3 …… 1個

┌ ローズマリー（またはタイム）

│　　…… 1枝(5㎝)

└ ローリエ …… 1枚

塩 …… 2つまみ

黒こしょう …… 適量

ピストゥソース（P.045）

　　…… 大さじ2〜3

パルミジャーノチーズ …… 適量

※1 パッケージに記載されている使用量に合わせて
加減を

※2 写真では約5㎜のコキエットを使用

※3 お茶パックに入れる。
ローズマリーとタイムは両方入れてもOK

・作り方・

1 玉ねぎ、ズッキーニ、じゃがいも、にんじんはひと口大、いんげんは尻尾をとり、長さ約3㎝に切る（**a**）。

2 鍋にオリーブオイルを入れてあたため、玉ねぎを入れて弱火で透明になるまで約3分ゆっくり炒める。

3 にんじん、じゃがいも、トマト水煮缶、水、ブーケガルニを入れて沸騰させ、野菜ブイヨンを加え、かき混ぜて溶かす。ふたをして中火で15分煮る。

4 鍋にズッキーニといんげんを加え、ふたをしてさらに10分煮る。

5 鍋に白いんげん豆、赤いんげん豆、ショートパスタを加え、パスタの袋に表示されている時間通り煮る。

6 仕上げに塩、黒こしょうを入れて混ぜる。

7 スープ皿に入れ、ピストゥソースをのせ、パルミジャーノチーズをかける。あれば飾りにバジルをあしらう。テーブルにピストゥソース（分量外）とチーズを添え（**b**）、好みで足す。

David mémo

通常、白いんげん豆と赤いんげん豆は乾燥豆をもどして使うけど、今回は気軽に作れるように缶詰を使ってみたよ。時間があるときはもどして煮てみるのもいいね。無理のない範囲で、おいしくて体にいいものを食べるのがベストだから、時間と気力と相談しながらトライ！

カリフラワーのブルテ

Velouté Dubarry

素材感たっぷりの濃厚スープ "ブルテ"。
カリフラワーの甘みが、体と心に沁み入るひと皿。

・材料（4人分）・

カリフラワー ······ 大1株（600g）[※1]
玉ねぎ ······ ½個（120g）
じゃがいも ······ 2½個（250g）
オリーブオイル ······ 大さじ1
野菜ブイヨン（顆粒）······ 小さじ2[※2]
水 ······ 適量
ローリエ ······ 1枚
生クリーム（乳脂肪分35％程度）[※3]
　　　　······ 120㎖
塩 ······ 適量
イタリアンパセリ（好みで）······ 適宜
クルトン（P.020）（好みで）······ 適宜

※1 葉と茎をのぞく
※2 入れる水の量と、パッケージに記載されている
使用量に合わせて加減を
※3 牛乳でも代用可

・作り方・

1 カリフラワーは小房に分け、じゃがいもは3㎝の角切りに、玉ねぎは薄切りにする。

2 鍋にオリーブオイルを入れてあたため、玉ねぎを入れ、弱火でゆっくり3分ほど炒めて甘みを引き出す。

3 カリフラワーとじゃがいもを加え（**a**）、野菜がかぶるくらいの水、ローリエを入れる。鍋の湯があたたまったら野菜ブイヨンを入れ、混ぜて溶かす。

4 鍋にふたをして中火にし、沸騰したら火を弱め、完全に材料がやわらかくなるまで約40分煮る。

5 鍋を火からおろし、ローリエをとり、ブイヨンスープのほとんどをざるで漉しながら別の器に移す（一部 **7** でスープをのばすために使用）（**b**）。ハンドブレンダーがまわるように、鍋にスープを少しだけ残す（**c**）。

6 ハンドブレンダーで鍋の野菜をつぶす（またはミキサーを使用してもOK）。つぶし終わったら、漉し器かざるで漉して繊維をとりのぞく。お玉の底で押しながらまわす（**d**）。スープのベースが完成。

7 食べる前に、鍋で **6** を生クリームと **5** でとっておいたブイヨンスープでのばしてあたためる。一般的なスープ皿で食べる場合の1人当たりの分量は、**6** をお玉3杯（約220g）、生クリーム大さじ2、ブイヨンスープ大さじ2。生クリームを牛乳にかえたり、ブイヨンスープの割合を増やすとさっぱりした味わいになる。味をみて塩を加えて混ぜる。

8 好みで小さくカットしたクルトンと、パセリのみじん切りをちらす。

David mémo

一度に食べない場合は、ベースだけ作って、食べる都度のばすのが日持ちしておすすめだよ。漉すのがひと手間かかるけど、仕上がりのレベルが全然違うので、がんばって！冷やしてもおいしいよ。残ったブイヨンスープは捨てずに別のスープや味噌汁のベースに使ってね。

ズッキーニの冷製スープ
Soupe froide de courgettes

プロヴァンスの夏野菜の代表選手ズッキーニを
冷やしていただくポタージュスープです。

写真下がブイヨンでのばしたもの、
上がクリームでのばしたもの。

・材料（2人分）・

ズッキーニ …… 1½本弱（350g）

玉ねぎ …… 小½個強（70g）

オリーブオイル …… 小さじ1

水 …… 適量

野菜ブイヨン（顆粒）…… 小さじ1※1

生クリーム（好みで）※2 …… 適宜

ブーケガルニ※3 …… 1個

  ローズマリー（またはタイム）

   …… 1枝（5〜6cm）

  ローリエ …… 2枚

塩 …… 適量

※1 入れる水の量と、パッケージに記載されている
使用量に合わせて加減を

※2 さっぱり味が好みなら牛乳でも代用可

※3 お茶パックに入れておく

・作り方・

1 玉ねぎは1cm程度の角切り、ズッキーニはしま目に皮をむき、3cm幅の輪切りにする。

2 鍋にオリーブオイルを入れてあたため、玉ねぎを入れ、弱火でゆっくり3分ほど炒める。

3 ズッキーニを加え、混ぜあわせる。

4 野菜がかぶるくらいの水とブーケガルニを入れ中火にし、鍋の湯があたたまったら野菜ブイヨンを入れ、混ぜて溶かす。沸騰したら火を弱め、ふたをして15分、その後ふたをとって10分煮込む。ズッキーニに竹串を刺し、すっと通ればOK。

5 鍋を火からおろし、ブーケガルニをとり、ブイヨンスープのほとんどをざるで漉しながら別の器に移し（一部 **8** でスープをのばすために使用）（**a**）、冷蔵庫で最低1時間冷やす。ハンドブレンダーがまわるように、鍋にブイヨンを少しだけ残す（**b**）。

6 ハンドブレンダーで鍋の野菜をつぶす（またはミキサーを使用してもOK）（**c**）。

7 漉し器かざるで漉して、繊維をとりのぞく。お玉の底で押しながらまわす（**d**）。最低1時間、冷蔵庫で冷やす。

8 **7**を**5**のブイヨンスープ、または生クリームでのばす。写真のようにコーヒーカップに入れる場合の目安は、**7**を大さじ3、ブイヨンスープか生クリームを大さじ1。味をみて塩を入れて混ぜる。

9 好みでオリーブオイルや生クリームを少々まわしかける。

David mémo

ブイヨンだけでのばすと緑が美しくズッキーニの味わいが濃いスープに、生クリームでのばすとマイルドになるよ。スライスしたバゲットの上に、少量の牛乳でのばしたクリームチーズをのせ、フライパンで炒めた小さなズッキーニをのせて添えても◎。

ヴィヴィアンヌ・フォケ
Viviane Foquet さん

1 ヴィヴィアンヌさんも隣人から教わったという一品。おいしいレシピは人から人へ伝わっていく。**2** 揚げ焼きの手法。生地の下半分が油に浸かればOK。

あの人の

直伝レシピ

料理上手の隣人、ヴィヴィアンヌさんに教わる

Beignets de courgettes

ズッキーニのベニエ

揚げ衣ではなく、小麦粉を
そのまま混ぜてふわっサク食感！

・**材料**（3〜4人分）・

ズッキーニ …… 2本(500g)

卵 …… 2個

小麦粉(薄力粉) …… 100g

ベーキングパウダー …… 小さじ1

塩 …… 3つまみ

こしょう …… 少々

植物オイル(菜種オイル、ヒマワリオイルなど) …… 適量

・**下準備**・

● 小麦粉とベーキングパウダーを合わせてふるっておく。

・**作り方**・

1 ズッキーニは皮をむき、おろし器ですりおろす(**a**)。

2 ざるに入れて手で押さえ、ざっと水気をとる。さらに、布巾に包んでぎゅーっと最後の1滴まで絞るつもりで、力の限り絞る(**b**)。

3 ボウルに入れ、ふるっておいた小麦粉とベーキングパウダーを少しずつ入れて泡立て器などで混ぜあわせる。

4 卵を卵黄と卵白に分け、まず卵黄を溶いて少しずつボウルに入れ、混ぜあわせる。

5 卵白を別のボウルに入れ、塩を1つまみ入れて泡立て器で泡立てる。しっかり泡立ったら、**4**のボウルに入れてゴムベラでやさしく下から上へ混ぜる(**c**)。

6 塩2つまみとこしょうを加えて混ぜる。ふわふわの生地ができ上がる。

7 やや深さのあるフライパンか鍋に、植物オイルを入れて中火であたためる。オイルの量は、高さ1cmくらいあれば十分。

8 オイルがあたたまったら、大きめのスプーンで生地を落としていく(**d**)。片側がこんがり焼けたら裏返してさらに焼く。

9 網の上におき、油をきる。

10 好みで塩(分量外)やこしょうを軽くふりかける。

David mémo

このレシピの決め手は、卵白。泡立てた卵白を混ぜあわせるとき、やさしくすればするほどふわふわになるよ。もちろん、その前にズッキーニの水分をしっかり絞って。力仕事だけど、最高においしいベニエなのでがんばって！

南仏プロヴァンスのマルシェ

プロヴァンスに暮らして、旬の野菜や果物しか食べなくなったのは、そう決意したわけでもなんでもなく、食材をマルシェで買っていると自ずとそうなるから。生産者の店や、季節を大切にしている出店者のところに行くと旬の野菜や果物が山積みで、その横には畑に咲いていたであろう花が無造作に並んでいたりします。季節の移ろいとともに刻まれる暮らしのリズムが、自然に生まれるのです。

秋冬は根菜が中心になるのでマルシェはとても地味ですが、ながめるだけで、ポトフなどの煮込み料理や、カリフラワーやカボチャのスープが食べたくなってきます。春が来ると、芽吹きとともにアスパラガスやいちご、レタスなどで一気に華やぎ、大地の息吹が弾けるよう。夏には色とりどりのトマトやメロンと一緒に、バケツに入ったラベンダーの生花も並びます。暑いプロヴァンスの夏は野菜がなによりもおいしく感じられるので、新鮮な野菜をたっぷり買って、アンショワイアード（P.030）やアイオリ（P.080）のような野菜中心の料理をいただきます。

なじみの店主エリックとおしゃべりするダヴィッド。

マルシェは庶民の台所を支え、旬や季節感を知らせてくれる、暮らしの中心。なじみの店主との会話もささやかな楽しみ。今はどんな田舎でもスーパーマーケットはありますが、だからといってマルシェが消えてなくなることはないでしょう。農作物の流通は短ければ短いほどいいという考え方が、フランスでは広まっています。青果だけでなく、チーズも卵も蜂蜜もビスケットも石鹸も、マルシェでは生産者から直接購入することができます。流通経路がはっきりしていて、環境によく、仲介が入っていない分、安い！

わが家では、例えば冬の間はトマトを1個も食べません。生産者のマルシェでは売られていないし、おいしくないのを知っているから食べる気にもならないのです。四季があり、折々の新鮮な食材を使った料理が食べられるのは幸せなこと。プロヴァンスのマルシェが教えてくれた、健康に幸せに暮らす秘訣です。

1 生乳で作られた新鮮なヤギのチーズも並ぶ。癖がなくおいしい。
2 かごのなかは、季節の果物。

Chapitre

5

みんな大好き！ ママンの味

パンとおやつ

昔ながらの素朴なパンや伝統菓子は
食べ飽きることがありません。
今も愛され続けるレシピをご紹介！

・・・

Cuisine provençale
comme à la maison

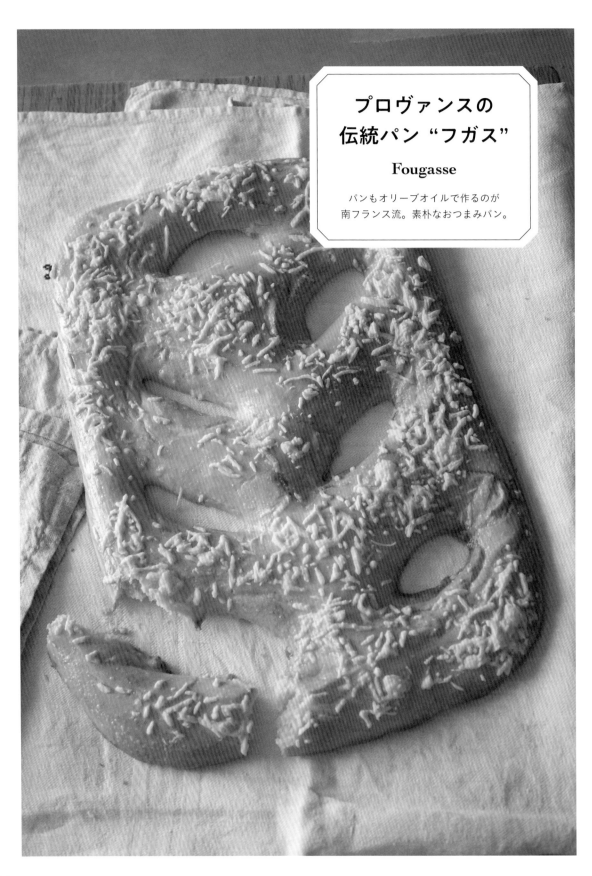

プロヴァンスの
伝統パン "フガス"

Fougasse

パンもオリーブオイルで作るのが
南フランス流。素朴なおつまみパン。

・材料（約20×30cm）・

小麦粉（中力粉）…… 250g

塩 …… 6g

水 …… 140mℓ

生イースト …… 7g

オリーブオイル …… 25mℓ

卵黄 …… 1個分

とろけるチーズ …… 大さじ3

・作り方・

1 小麦粉と塩を混ぜてふるい、大きなボウルに入れる。

2 水、生イーストを容器に入れ、スプーンでよく混ぜ、生イーストを完全に溶かす（底に溶け残らないように注意）。オリーブオイルを入れて軽く混ぜる。

3 **1**に**2**を入れて手で混ぜる。混ざりあったら、ボウルから、軽く小麦粉（分量外）をふったこね板（大きめのまな板など）の上に出す。

4 手で丸める。最初は手にくっつくが、すぐにきれいなボール状にまとまる。

5 生地を10分間、下記の🅐と🅑の作業を適度に繰り返してこねる。

　🅐 生地を手首に近い手根でグイーッと体重をかけて遠くにのばし（**a**）（**b**）、手元に戻しながらボール状に戻し、また手根でのばす。

　🅑 生地を長細くし（**c**）、端を持って叩きつけて折りたたむ（**d**）。

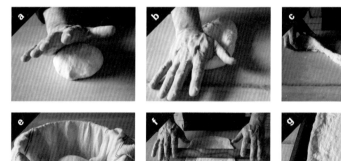

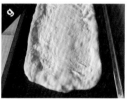

6 生地を丸くまとめてボウルに入れ、軽く湿らせた布巾をかぶせて20〜25℃のあたたかい場所で30分ねかす（一次発酵）（**e**）。

7 一次発酵を終えた生地を、手をグーにして軽くリズミカルにポンポン叩き、ガスをぬく。

8 そのまま生地を、20×30cmくらいの長方形にする（**f**）。

9 天板にハケでオリーブオイル（分量外）をぬり、生地をおく（**g**）。**6**と同様に軽く湿らせた布巾をかぶせて、20〜25℃のあたたかい場所で最低2時間ねかせる（二次発酵）。

10 オーブンを180℃に予熱する。

11 発酵が終わった生地に、ドレッジ（柄のないヘラ）やゴムベラで7か所穴をあける（**h**）。

12 溶いた卵黄をハケで生地の表面にぬり、とろけるチーズをかける。

13 オーブンに入れ、20分焼く。

14 焼き上がったら網の上にとり出し、粗熱をとる。すぐに食べない場合は、乾燥しないように布巾をかぶせておく。

David mémo

大切なのは10分間しっかり生地をこねることと、発酵時の温度だよ。トッピングはチーズ以外に小さく切って焼いたベーコンもおすすめ！ 指で軽く生地に押し込んで。穴を7つあけるのは、人の顔を表しているからなんだって。

さくらんぼのクラフティ

Clafoutis aux cerises

フランス中南部リムーザン地方の伝統菓子ですが
さくらんぼの産地、プロヴァンスでも定番。

・材料（6〜8人分）・

＊直径20〜25cm、
　高さ約8cmくらいの丸型を使用

さくらんぼ …… 400g
小麦粉（薄力粉）…… 50g
卵 …… 3個
牛乳 …… 100mℓ
無塩バター …… 30g
グラニュー糖 …… 60g
ベーキングパウダー …… 8g
バニラビーンズ …… ½本
　（またはバニラエッセンス
　　…… 小さじ½）

David mémo

さくらんぼの種をとると果汁が
出てしまうので、種はとらない
ほうが水っぽくならずおすすめ。
さくらんぼ以外では、りんごや
アプリコット、スモモ、洋ナシ
などでも作れるよ。

・下準備・

● 型にクッキングシートを敷き、余分な部分はカットする。

・作り方・

1 さくらんぼは洗って、柄をとりのぞく（種はとらない）。

2 牛乳を小鍋に入れ、弱火であたためる。バニラビーンズ
のさやを縦半分に切り、なかの種をこそぎ落として（**a**）、
牛乳のなかに入れる。さやも入れる。バニラエッセンス
を使う場合もこのタイミングで入れる（その場合、牛乳
があたたまったら **4** の工程へ）。

3 泡立て器で軽くかき混ぜ（**b**）、くっついてダマになった
種をばらばらにして10分ほど弱火で香りを牛乳に移す。
バニラのさやをとりのぞく。

4 バターを入れて溶かし、火からおろす。

5 オーブンを210℃に予熱する。

6 ボウルに卵を入れ、泡立て器でかき混ぜる（**c**）。

7 グラニュー糖を入れ、2〜3分泡立て器でかき混ぜる。

8 **4** を **7** のボウルに入れ、かき混ぜる。

9 小麦粉とベーキングパウダーを合わせてふるい、少しず
つボウルに入れ（**d**）、しっかり混ぜあわせる。

10 型にさくらんぼを入れる（**e**）。 型の底がさくらんぼで
ぎっしり埋まるくらいがベスト（足りなくても問題ない）。

11 **9** の生地を注ぎ入れ（**f**）、オーブンに入れる。最初の10
分は210℃、その後180℃で20分焼く。

お米のデザート "リオレ"
2種のトッピングつき

Riz au lait

お米を牛乳で甘く煮た、フランスのやさしい
ママンの味。単独でもおいしいスイーツを添えて。

・材料（2人分）・

牛乳 …… 400㎖
米 …… 60g
グラニュー糖 …… 20g

【仕上げ】
リンゴのクランブル …… 適量
塩バターカラメル …… 適量

・下準備・

● 米をざるで洗っておく。

・作り方・

1 鍋に牛乳とグラニュー糖を入れて弱火にかけてよく混ぜ、グラニュー糖を溶かす。あたたまったら米を入れる。

2 ときどきかき混ぜながら、30〜40分弱火で煮る。焦がさないように注意。

3 液体が少し残るくらいがちょうどいいので、もし液体がなくなってしまったら牛乳を大さじ1（分量外）加えてあたためる。

4 粗熱をとり、冷蔵庫で冷やす。

5 ガラスの器にカラメル、リオレ、クランブルの順番で重ね、好みで上にカラメルをかける。

（ トッピング2種 ）

Crumble aux pommes
りんごのクランブル

りんごとサブレ生地がサクサク！

・材料（作りやすい量）・

りんご …… 1個
小麦粉（薄力粉）…… 50g
砂糖（カソナード※）…… 30g
無塩バター …… 25g

※さとうきびから作られた粗糖。三温糖で代用可

・作り方・

1 オーブンを180℃に予熱する。

2 りんごは皮をむき、2㎝角に切る。

3 ボウルに小麦粉、砂糖、冷たいバターを小さくちぎって入れ、指でやさしく混ぜる。全体にポロポロしてきたらOK（**a**）。

4 りんごを入れ、手で混ぜあわせる。

5 天板にクッキングシートを敷き、**3**を均等に広げて平らにする。

6 オーブンに入れて30分焼く。

Caramel beurre salé
塩バターカラメル

パンやアイスやヨーグルトにトッピングしても◎。

・材料（作りやすい量）・

グラニュー糖 …… 80g
有塩バター …… 40g
生クリーム（乳脂肪分35％程度）…… 100㎖

・作り方・

1 フライパンにグラニュー糖を入れ、弱火であたためて完全に溶かす（カラメリゼする）。

2 色が薄く茶色に色づき、どろりとしてきたら、すぐにバターを入れ（**b**）、ゴムベラでかき混ぜる。

3 火を止め、生クリームをゆっくり3回に分けて入れながらよく混ぜる。はねる可能性があるので十分に注意を。

David mémo

塩バターカラメルはカラメリゼを長くしすぎると苦みが出てしまうので、気をつけて。2人分のリオレ用には量が多いけど、残りはガラス瓶に入れて冷蔵庫で1か月以上保存できるよ。

あの人の

直伝レシピ

マルシェのビスケット屋さんに教わる ①

Navettes

小舟形のビスケット "ナヴェット"

マルシェのビスケット屋さんに教わる
小舟をかたどったマルセイユのビスキュイ。

1 焼きむらがでないように、大きさをそろえて交互に並べるの
がポイントというロランスさん。2 生地を均等に細長くのばし
ていくのも慣れれば簡単。

・材料（32〜36個分）**・**

小麦粉（メルベイユなどの準強力粉）…… 500g

グラニュー糖 …… 165g

無塩バター …… 100g

卵 …… 2個

レモンの皮 …… 1個分※

レモン汁 …… 25㎖※

牛乳 …… 25㎖

※オレンジやユズでも代用可

・下準備・

● レモンの皮をおろし器ですりおろし、果汁を搾る。

● 牛乳とレモン汁をコップに入れて軽く混ぜる。

・作り方・

1 小麦粉とグラニュー糖を山にして、中央にくぼみを作り、2㎝角に切ったバターを半量入れ、手と指でやさしくもみ込みながら（**a**）、一体化させる（写真ではテーブルの上で行っているが、大きなボウルに入れて作業してOK）。

2 なじんできたら、残りのバターを入れてさらにもみ込む。全体にほろほろになったらOK。

3 レモンの皮を加えて混ぜる。

4 また山を作り、泡立て器で溶いた卵をくぼみに入れ、同様に手と指でもみ込む。

5 レモン汁と牛乳を少しずつ加えながらもみ込み、ボール状にまとめる。

6 半分に切り（**b**）、それぞれを手で転がしながら直径4〜5㎝の細長い棒状にする。16〜18分割に切る（**c**）。

7 ひとつひとつを手のひらで転がして、細長いアーモンド状にする。もし生地がだれてきたら、次のステップの切り込みがうまくできないので、いったん冷蔵庫に入れて冷やす。

8 オーブンを180℃に予熱する。

9 天板にクッキングシートを敷き、焼きむらがでないように写真のように交互に並べる（**d**）。大きさに差ができた場合は、小さめのものを真ん中、大きめのものを外側におく。

10 包丁で中央に切り込みを入れる。表面だけでなく、下までしっかり切れ目を入れて切り口を開く（**e**）。

11 オーブンに入れ、15分で天板の前後を入れかえる。その後10分焼く。黄金色に焼けていない場合は、温度をやや下げてもう少し焼く。

David mémo

伝統的にはオレンジフラワーウォーターを使うけど、日本では手に入りにくいのでレモンの香りにアレンジしたよ。それとオリーブオイルで作るのが伝統だけど、かたくなるのでバターを使いました。

マルシェのビスケット屋さんに教わる ②

Macaron Provençal

マカロン・プロヴァンサル

アーモンドと蜂蜜で作る
素朴なプロヴァンスのマカロン。

1 小麦粉でなくアーモンドの粉がベース。オーブンからは香ばしいにおいが。**2** カリッとではなく、やわらかく焼き上げる。

・**材料**（26個分）・

卵白 …… 大2個分（85g）

蜂蜜 …… 60g

グラニュー糖 …… 130g

アーモンドパウダー …… 300g

アーモンド（無塩）

（飾り用、あれば）…… 26個

・**作り方**・

1 ボウルに卵白、グラニュー糖を入れ、白くどろりとなるまで泡立て器で混ぜる（**a**）。

2 蜂蜜を入れ、さらに泡立て器で混ぜる。

3 アーモンドパウダーの半量を入れ、ゴムベラで混ぜあわせる（**b**）。混ざったら、さらに残りを入れて混ぜる。手の指を水でぬらして生地を触り、ベタベタしなかったら生地のでき上がり（**c**）。ベタつくようならアーモンドパウダーを少し足して混ぜる。

4 オーブンを140℃に予熱する。

5 手に水を少しだけつけて、直径4cm大のボール状にし、クッキングシートを敷いた天板の上に間隔をあけて並べる（**d**）。

6 生地の上にアーモンドをのせる（飾りなのでなくてもOK）。

7 オーブンに入れ、15分で天板の前後を入れかえ、その後10分焼く。

マルシェに
遊びにきてね！

マーク
Marc さん

ロランス
Laurence さん

お店紹介

Les Secrets de Lola

ナヴェットとマカロン・プロヴァンサルのレシピを教えてくれたのは、ビスケット専門店「レ・スクレ・ド・ロラ」のロランスさんとマークさんご夫妻。私たちが暮らす町リル・シュル・ラ・ソルグの日曜日のマルシェに出ています。プロヴァンスを旅する時にはぜひ立ち寄ってみてくださいね。ほかにもおいしいビスキュイがずらりと並んでいます！

30〜40種類のビスケットが並ぶマルシェのスタンド。

あの人の 直伝レシピ

ママン代表カトリーヌ・ブレアさんに教わる

Petites Douceurs de Maman

プチショコラ・スイーツ

いそがしいママンやパパにもやさしい
簡単＆おいしいクッキーレシピ！

1 東京に暮らした経験のある親日家のふたり、
カトリーヌさんとダヴィッド。2 バターたっぷ
りのフランス流濃厚クッキー。焼き上がったら、
すぐに網の上にのせて粗熱をとる。

・材料（11個分）・

有塩バター …… 90g
砂糖（カソナード[※1]） …… 60g
溶き卵 …… 25g
ブラックチョコレート[※2] …… 75g
小麦粉（薄力粉） …… 90g
ベーキングパウダー …… 2.5g（小さじ½）

※1 さとうきびから作られた粗糖。三温糖で代用可
※2 カカオ66％のものがあればベスト

・下準備・

● バターを早めに冷蔵庫から出してやわらかくしておく（**a**）。

・作り方・

1 バターは角切りにし、ボウルに入れる。砂糖を加え、ゴム
　ベラで切るようにざっくり混ぜる。

2 小麦粉とベーキングパウダーをフォークで混ぜ、少しずつ
　1に加えながら混ぜる。

3 生地の真ん中にくぼみを作り、泡立て器でかき混ぜた溶き
　卵を流し込み、混ぜる。

4 チョコレートをザクザク粗く刻み、半分入れて混ぜ（**b**）、
　さらに残りを入れて混ぜる。

5 生地をラップに包み（**c**）、冷蔵庫で1時間30分冷やす。

6 オーブンを170℃に予熱する。

7 天板の上にクッキングシートを敷く。生地を30gずつ切
　り分け、手で平たい円形にして並べる（**d**）。手の温度でバ
　ターが溶けてしまわないよう、素早く。

8 オーブンに入れ、15〜20分焼く。

9 網の上にのせ、粗熱をとる。

Hummm……
ショコラ大好き!!!

カトリーヌ・ブレア
Catherine Bréard さん

カトリーヌ・ブレアさんとは？

　カトリーヌ・ブレアさんは、ノルマンデ
ィー地方出身。2014年にそれまでの仕事
を辞め、60歳間近で夢だったお菓子づく
りの道に進むことを決意し、パリの料理・
製菓専門学校ル・コルドンブルーに入学し
ました。そして2016年、パリのベスト・
ムース・オ・ショコラ アマチュア選手権で、
ベスト・ムース・オ・ショコラに選ばれます。
「ママンのムース・オ・ショコラがいちば
んおいしい！」といっていた息子さんの言

葉に励まされて新しい人生の扉を開けたカ
トリーヌさんでしたが、本当にフランスで
いちばんを獲得！

　その後、息子さんが暮らす東京へ移住。
人生ではじめてムース・オ・ショコラを販
売したのは日本でした。現在はフランス在
住。フランスのTVや雑誌にも数々とり上
げられ、一躍ときの人に。ムース・オ・シ
ョコラやクッキーは、デパートやホテルな
どで販売されています。

Index

主な食材別

ダヴィッド・ミシャール
David Michard

1970年生まれ。3世代続く総菜屋の仕事を7歳の頃から手伝い、料理を学んだ。20歳まで南仏の海辺の町で育ち、その後、パリ、ニューカレドニアを経て日本へ。東京で10年暮らし、南青山でプロヴァンス料理店「バンドール」のオーナーシェフとなる。2006年に南仏へ戻り、2011年からシャンブルドット（民宿）を営む。マルシェでの買い出しから一緒にする料理教室や、夕食（タ ーブルドット）、ガイドチャーターも好評。また、テレビや雑誌、阪急阪神百貨店のフランスフェアをはじめとするイベントのコーディネートの仕事も多い。得意なテーマは食とワイン。

町田陽子
Yoko Machida

1966年生まれ。大学卒業後、東京で書籍、女性誌、旅行誌、美術誌などの編集にたずさわる。2008年に渡仏、現在、ダヴィッド・ミシャールとともにシャンブルドット「ヴィラ・モンローズ」を営み、アンティーク食器やフランスの食品・雑貨などを販売するオンラインショップを運営。そのかたわら、ライフスタイル、食、旅などのテーマを中心に執筆を行っている。著書に『ゆでたまごを作れなくても幸せなフランス人』（講談社）、『南フランスの休日 プロヴァンスへ』（イカロス出版）がある。

2人の宿とショップ

シャンブルドット
https://www.villamontrose.com/
2人の経営するプロヴァンスのシャンブルドット（民宿）「ヴィラ・モンローズ」のホームページ。

オンラインショップ
https://www.villamontrose.shop/ja/
「ヴィラ・モンローズ」がセレクトするアンティーク食器や雑貨、月替りのパニエ(限定セット)のオンラインショップ。

Instagram
https://www.instagram.com/villa_montrose/

Facebook
https://www.facebook.com/provence.voyage

南仏の台所から
プロヴァンスのいつものごはん

料理	ダヴィッド・ミシャール
文・写真	町田陽子
デザイン	高橋倫代
校正	坪井美穂
編集	鈴木利枝子

2021年12月10日　初版発行

著者　　ダヴィッド・ミシャール　町田陽子
© David Michard, Yoko Machida 2021

発行者　山手章弘
発行所　イカロス出版株式会社
　　　　〒162-8616　東京都新宿区市谷本村町2-3
電話　　03-3267-2766（販売）
　　　　03-3267-2831（編集）

印刷・製本所　図書印刷株式会社

Printed in Japan